性教育バッシングと統一協会の罠

浅井 春夫

新日本出版社

目　次

初出一覧

第1章…「性教育バッシングと統一協会問題をあらためて問う」『前衛』二〇二二年、一一月号
第2章…書き下ろし
第3章…書き下ろし
第4章…「包括的性教育の重要性と現場で生かすための諸課題」『議会と自治体』二〇二三年六月号
第5章…書き下ろし
終　章…書き下ろし

はじめに――「政治的逆流の手はじめ」としての性教育バッシング

二〇二二年夏の安倍元首相銃撃事件を発端に、統一協会と政治家の癒着《ゆちゃく》、そしてそれが政治・社会を歪めている現実に社会的な注目が集まりました。これまでの統一協会とそのフロント（偽装）組織の策動の現実が一気にマグマのように噴出する状況でもありました。統一協会の攻撃を受けながら科学と人権の性教育をすすめてきた研究団体の一員として、仲間たちとたたかってきた自負と同時に、もっと有効な運動ができたのではないかという〝わだかまり〟を持ち続けてきたことも事実です。そして、学校現場で性教育を思うようにできない苦悩を握りしめながらがんばり続けた仲間たち、「こころとからだの学習」裁判（第3章を参照）をたたかった七生《なな お》養護学校（現・七生特別支援学校）の原告の方々……。性教育バッシング（bashing：激しく非難・攻撃すること）に対抗し、包括的性教育を日本に根づかせる研究と運動をすすめてきたこの三〇年という期間をふまえ、本書は、そうした私の思いとこれからの筆者の人生のなかで統一協会問題を考え、必要な情報発信を私なりに続けていく決意の本でもあります。

張りめぐらされた「統一協会の罠」

筆者は、一般社団法人〝人間と性〟教育研究協議会（性教協）に参加し研究運動を続けてきましたが、統一協会と関係の深い政治家や研究者とマスコミが一九九〇年代初頭から重ねた、性教育への異常なまでのバッシングに直面した経験を持っています。彼らのこうした行動に批判を行うなかで、その行動の背景にある家族観、ジェンダー観、さらに性と政治の関係に論及することにもなりました。その経験から、安倍への銃撃も宗教二世の問題も、統一協会の持つ非人間的な「教義」と策略が行き着いた末の悲劇だとの思いを強めています。

本書では、性教育バッシングを振り返りつつ、性やジェンダー、家族についての統一協会の「教義」と、右派政治家がめざす家族観、ジェンダー観、性教育政策などの考え方が一致すること、そしてそれらの人々に同調する研究者や一部のマスコミも加わって性教育バッシングが行われてきたことをまとめておくことにします。統一協会が政権内部に影響力を持つために政権政党の政治方針にすり寄り、それを最大限に利用してきたのが自民党でした。日本の政治を根っこから腐らせてきた元凶にメスを入れることが求められていることは明らかです。

統一協会問題の五つの柱

統一協会の問題は、人間と社会の破壊につながりかねない深刻な社会問題です。その中身には五つの柱があると筆者は考えています。

①精神的・人格的な被害者の膨大な数と金銭的被害、それらへの救済問題について行政が放置し

てきた問題。具体的な問題をあげれば、全国霊感商法対策弁護士連絡会の一九八七年から二〇二一年までの資料によると、霊感商法による物販や献金や借入などによる「被害件数」は三万四五三七件で「被害総額」は約一二三七億円に上ることが報告されています。

②政治家との深い結びつきを通した、国・地方行政への介入と政策的影響。具体的には、国家が家庭教育に介入する可能性を持つ「家庭教育支援法案」や地方自治体における「家庭教育支援条例」の制定の動きなどがあります。

③反社会的カルト集団、反社会的ビジネス「宗教」と政党・政治家の癒着。②の動向とも関わりますが、国政選挙において統一協会と自民党国会議員が「推薦確認書」を取り交わし憲法改正を進めるとしていること。

④信者二世の人権侵害（信仰の強制＝宗教虐待）となるマインド＆ボディコントロールが深刻であること。具体的にいえば、子ども・青年期における生活の困窮や、恋愛・結婚・進路選択などの権利制限が当事者の声から明らかになっています。

⑤統一協会の応援・宣伝隊として一部の大学教授、研究者が果たしている役割。それらの研究者は、性教育バッシングにおいて先導的役割を果たすことでマスコミに登場し、「性教育批判」を意図的に拡散してきました。学者の立場を利用して、統一協会の策動を後押しし、フォローし、先導してきたのです。

これらの柱が重複しながら形成されているのが、統一協会問題であると筆者は考えます。これらの柱のうち、主に②と⑤について、性教育やジェンダー論＊の分野を中心に具体的に論究していくことが本書の課題です。

＊ジェンダーとは、「男性および女性であることに関連する社会的属性と機会、ならびに女性と男性、女子と男子の関係、女性間の関係性、男性間の関係性を指す。これらの属性、機会および関係は社会的に構築されており、社会化のプロセスを通して学習される」（『改訂版 国際セクシュアリティ教育ガイダンス』用語集、二〇二〇年、明石書店、二二〇ページ）。性をめぐる社会的属性、機会および関係のあり方、割り振り、従属関係などによって社会のしくみが規定されていることを表現する概念です。

なお、統一協会は、世界基督教統一神霊協会から、二〇一五年八月二六日に文化庁の認証によって世界平和統一家庭連合へと名称変更しました。統一協会が多くの反社会的な行動への悪評から、旧称のままでは活動しづらくなっていたという事情があったと見られています。加えて、「平和」と「家庭」を前面に立てることで社会的なイメージを変えるという意図を持っていました。ただし、「統一」は宗教と政治の統一を掲げ続けていることから残しています。

本書ではそうした事情を考えて、「統一協会」の呼称を使用します。なお、マスコミでも改名前の名称として「統一教会」という表記が用いられていますが、筆者はそれに批判を持っています。旧称の正式名称は「世界基督教統一神霊協会」であり、英語表記で The Holy Spirit Association for the Unification of World Christianity です。Christianity（キリスト教）という言葉はあっても、

Church（教会）という言葉は使われていません。また、現在（二〇一五年以降）、使用されている「世界平和統一家庭連合」の英語表記は、Family Federation for world Peace and Unification であり、「教会」「キリスト教」の表記は一切ありません。

名称変更がどのような経緯でなされたのかの解明もあいまいにしたままで、旧名にしても「統一教会」は使うべきではないと考えています。「教会」などと書くと、あたかもまともな宗教であるかのように受け取られ、新たな犠牲者を生むのではないかと危惧《きぐ》しています。

本書の題名は、いろいろと迷ったあげく『性教育バッシングと統一協会の罠《わな》』としました。罠とは英語ではトラップ（trap）、すなわち相手を陥れるためのしかけのことであり、転じて、他人や組織を陥れるための謀略という意味でも使われます。

本書の執筆をするなかで、あらためて私が実感したことは、これまでの三〇年余り、さらにそれ以前の統一協会とそのフロント団体による策動は、まさに罠の連鎖であり、そのしかけの巧みさであったということでした。たとえば、統一協会と自民党は、「反共」という点の固い「絆」で結ばれ、自民党にとっては選挙での票、献身的な手足となる〝選挙ボランティア〟の確保という点で大きな意味を持ち、統一協会にとっては、政権政党を、自らの策動において「社会的な信用」を得るために利用したという関係でした。その意味で統一協会と自民党が連携し、国民を対象に、相互の利益を引き込む罠がしかけられたといえます。まさにお互いにとって最大限の利益を生み出すズブズブの関係であったのです。

統一協会には多くのフロント組織が存在しています（二五ページの図参照）。それらは、①イベントへの勧誘や募金活動、物売りなどにおいても統一協会の正体・名前を明かさない、②信者にするための勧誘は、セミナーや合宿で『原理講論』＝統一原理をきっちりと信じ込ませた段階で、はじめて統一協会であることを明かし、③一度、信者になると、徹底した情報管理と行動規制をすることで、統一協会のマインド＆ボディコントロールの支配下に置くというしかけになっています。こうした勧誘手口も罠というべきでしょう。

フロント組織は、統一協会の本部を「守る」ためにあるという面もあります。統一協会の方針に基づく反社会的活動も、フロント組織が勝手にやったことであって、統一協会それ自体の方針や指令によるものではないと言い逃れできるからです。つまり、統一協会にとっての〝ファイアー・ウォール〟（防火壁）の役割をフロント組織が果たしているということです。二〇二二年八月一九日、日本の統一協会の現場幹部を招集した「特別ネット会議」のなかで、同協会の田中富弘会長が次のように述べています。

「何かトラブルがあったときにその責任が団体に及ばないようにするために壁を作っておくということで、真ん中に家庭連合、旧統一教会《ママ》（以下、引用文では原文通り「統一教会」と表記した箇所がある――引用者）があって、その脇に二つの壁が作られています。左側の壁は、いわゆるトラブル、『霊感商法』『違法伝道』『高額献金』、そして一部の刑事事件などが起こったときに、その責任が宗教法人に降りかからないように作っている壁ということになります。で、右側のファイヤーウォールが何であるかというと、ＵＰＦ（創設者は文鮮明とその妻・韓鶴子《ハンハクチャ》の「天宙平和連合」――引用者）にしても勝共連合にしてもその他団体にしても、教会そのものではなく独立してますよ、と。そこに閣僚や議員や首長は関わったのであって、統一教会そのものとは違うので、教会が起こした問題には責任がありませんよということで、この壁で議員たちや政治家が守られるように何とか機能させていたんです」（『ＦＲＩＤＡＹ』講談社、二〇二二年一〇月一四日号、一九ページ）。

社会的な批判を受けても、「友好団体がしたことで統一協会本体は関知していない」という論法は、彼らの常套句であり、ウソの論理です。「友好団体」は統一協会の防火壁としての下部組織にすぎないという認識が責任者から明確に語られたということになります。このような組織のありようも罠の一種といっていいでしょう。

フロント組織の方針に沿った宣伝活動の先兵役を担っているグループの中には、大学教授などもいます。そうした研究者は、統一協会とフロント組織などの方針に対し、中立性を持っているかのように装って、また「大学教授」などの肩書による「権威」をもって、実際には、性教育やジェンダー論へのバッシングを含め、統一協会の主張に沿った内容を書いたり語ったりします。中には、統一協会との関係を認めようとしない人もいますが、多くが、フロント組織での講演や機関誌紙に登場し、それらの団体の役員に就任するなど、緊密な関係性は明らかです。

そもそも、統一協会の中心的な教本である『原理講論』が罠の論理に満ちた文書となっています。

本書第1章、第5章でふれるように、荒唐無稽《こうとうむけい》としかいいようのない作文です。しかしそれは、洗脳的なやり方で信者にすり込まれ、信者をマインドコントロールします。このように「教義」のありよう自体が「罠」であるということも重要な問題となっています。

アメリカの経験と日本の性教育バッシング

「性教育は政治的な逆流の手はじめだった。これに注目する人はほとんどいなかったのである」。これは、ジュディス・レヴァイン著、藤田真利子訳『青少年に有害！　子どもの「性」に怯える社会』（二〇〇四年、河出書房新社、原著は二〇〇二年出版）の一節です（一六〇ページ）。この本は、一九八〇年代からの二〇年間のアメリカの、政治と性をめぐるできごとを分析したものです。著者は、主に一九九〇年代後半から二〇〇〇年にかけて行ったインタビュー取材と同時期の統計資料を使用し、この時期のアメリカ社会で交わされた、一〇代のセックスと避妊・中絶の課題を含む、性教育をめぐる議論を検討しました。同書の第5章「ノーセックス教育――『純潔』から『禁欲』へ」の概略を紹介しておきましょう。

――一九八一年、共和党の新人議員が「十代の妊娠をねじ伏せるにはふたつの災い（と彼が信じているもの）を克服すればいいと思いついた。その災いとは、十代のセックスと中絶である」。そのために青少年家族生命法（以下、ＡＦＬＡ）のキャンペーンをよびかけた。ＡＦＬＡは、学校と地域が、セックスに対して抑制的な態度を形成するため、資金を提供するものだった。反対派は、この改革方針に「純潔教育」というネーミングを付した。ＡＦＬＡは、性教育を対象に助成金を支出することを決めた最初の連邦法であり現在も残っている法律である。十代のセックスと妊娠と中絶を一掃するという目標は必ずしも達成されたわけではなかった。しかし、共和党のレーガン大統領のもとで台頭してきた新右翼（新保守主義者——引用者）にとっては、この新法は大きな勝利であった。それは、若者の性の自立と健康にとっては大きな打撃となった。またそれをかわきりに、つぎつぎと性教育への攻撃が加えられることになった。

その後の二十年間で、強大で資金力豊富な保守派の全国組織は忠実なボランティアの一連隊を投入して学区から学区へと攻めこみ、生徒たちに自分の身体や性的な感覚のこと、避妊や中絶のことを教えている教師と授業計画を標的に攻撃した。こうした攻撃への反撃はほんのぽつりぽつりとあっただけだ。性教育は政治的な逆流の手はじめだった。これに注目する人はほとんどいなかったのである。反対派とは違って、性教育を擁護する人々の全国組織はふたつだけで、全国的な運動も無く、一貫した文化的・政治的目標も無かった。……フェミニストも左翼政党もこのために戦おうとしなかった。ゲイとレズビアンがこの争いに加わったのはやっと一九九〇年代になって、彼らに対する直接的な攻撃が始まってからである。最も先進的で政治に詳しい性教育者は公教育の外側で働いていたので、公教育の方針に関してあまり口を出すことができず、大半の子どもに対して直接の影響を与えることができなかった。一般のあいだでは性教育に反対する勢力はごくわずかで、たいていは怒った親やその教会の牧師などだった。しかし防衛する側はもっと弱く、最初から脆弱《ぜいじゃく》だった包括的性教育の砦《とりで》は次々と陥落していった（一五九〜一六一ページ）。二十年たった今、右派は性教育戦争にほぼ勝利をおさめている。一九九七年、米国議会は五年にわたって二億五千万ドルを純潔教育拡大のために支出することを決めた。その名称は「それほど教会臭のない禁欲教育に変わっていた」（一六一ページ）。

ＡＦＬＡのキャンペーンにより、アメリカ性情報・教育評議会（ＳＩＥＣＵＳ）もまた禁欲を支持する側に回った。一九八〇年の国政選挙で保守派（ロナルド・レーガン）が勝利し、新大統領は性教育、避妊、中絶に関連するすべての役職に、それらの課題に反対する人間を任命した。この年の選挙は性と生殖の健康と権利を守る運動にとって「地殻変動的な後退」（一六八ページ）となり、その結果はまさに包括的性教育にとっては終わりのはじまりとなった。「禁欲だけの教育に資金を出す法律は、性と家族についての保守的イデオロギーの貴重な旗印だった」（一七四ページ）――。

包括的性教育は攻撃にさらされ、純潔教育（禁欲教育）がそれに取って代わることになりました。保守派は、性と人権を尊重する立場を分断のテコとし、結果、アメリカ政治の右傾化がすすめられたともいえます。新保守主義と新自由主義が台頭するきっかけと土壌づくりがすすめられたのです。

こうした流れは、一九九〇年代からの約三〇年間、日本の性教育バッシングを含む政治の流れとかなり類似しているように思われます。性教育の内容を、ことさらに問題として際立たせ攻撃を加えることで、保守派、とりわけ自民党の清和会（安倍派）が拡大していった過程と重なる気がするのです。率直にいえば、性教育バッシングを先導した政治勢力は、一九八〇年代以降のアメリカの政治状況を学び、似た手法を日本にも当てはめたのではないかとさえ感じます。筆者は、そこには、統一協会の性とジェンダーに関する見方が、あるいはそれと重なる一部の政治家や研究者——統一協会と近い関係にあると見ざるを得ない政治家や研究者——の影響があるように見えます。

本書第2章と第3章でふれるように、日本では九〇年代以降、性教育バッシングが組織的に行われ、日本の性教育政策と実践は世界からさらに取り残されることになりました。公教育で子どもたちに必要な性を学ぶ権利保障は三〇年間も政策的になおざりにされてきたのです。

ただ、そうしたもとで、確かに性教育実践は学校現場において困難をきわめましたが、実践と研究活動は空白状況に陥ったり消滅したりしたわけではまったくありません。現場の実践者において、さまざまな性教育実践の灯はけっして消えることはありませんでした。「そうした現実は研究を止めない！」の合言葉で学び続けること、包括的性教育を子どもたちに届ける努力を継続してきたということができます。

なぜ性教育とジェンダーは攻撃の対象になったか

それにしても、統一協会を含む右派勢力はなぜ、性教育とジェンダー論を攻撃したのでしょうか。本書の全体を通して考えていただくうえでも、ここで一定の整理をしておくことにいたします。

まず一般に、一九九〇年代初め頃までの日本では、性をめぐる価値観はきわめて個人的なこととされ、公教育の柱にすることには社会的合意ができていないという事情がありました。「性教育は寝た子を起こす」などといわれますが、これは「性について教育することによって、子どもたちが早期に不適切な性行動を行うようになる」という考え方で、子ども・若者のリアルな性意識・性行動を知ろうとしない論です。それは戦後性教育の根幹に位置づけられてきた抑制的性教育（性行動の抑制が目的）とセットの性教育論で、根深い偏見や思い込みを土台にしていると思います。

性教育については、このほか、「自然に学んでいく」論、「家庭で教えるべき」論などのさまざまな捉え方がありました。そうした影響もあって、子どもの成長・発達を保障するうえで不可欠の学びの対象ではなく、マイナーな位置に置かれてきたといえます。性教育の推進を論議の俎上にのせることは、一九九〇年代頃までは、まだそのための社会的土壌が整っているとはいえず、子ども・若者の性的自己決定能力をはぐくむという目標は、攻撃の対象になりやすかったという面があります。

さらに、性教育やジェンダー論は、右派から、攻撃の矛先を向けられやすいという面があるでしょう。第一に、性教育とジェンダーに関しては、市民の間に先述したような認識・価値観のズレがあり、そこを突く攻撃によって分断を生じさせやすいテーマであるということがあります。そのズレを突く攻撃によって保守層の支持を掘り起こすことに利用されたという面があったと思います。

第二に、性とジェンダーをめぐる価値観は、政治や社会のしくみの重要な柱を形成しているという事情があります。社会の基礎集団としての側面をもつ家族のあり方は、性とジェンダーへの考え方に大きく影響されます。「男性は強く、主導的で社会を動かす原動力になる存在であるべき。女性は男性を支え、社会的には周辺に位置し、家庭での家事・育児の役割の担い手となるべき」……こうしたジェンダー観は伝統的な性別役割分業の土台ですが、それが固定化されれば、ジェンダー平等は前進することもなく、「男性中心社会」がさらに強固になっていくことでしょう。それは一人ひとりの人権が保障され、人々が自由で平等に生きる社会とは逆の、いわば国民を統合しやすく、支配しやすい社会です。右派政治家の社会観です。両性の区分の明確化と男性優位への志向は、そういう社会観との親和性を持っています。

また、関連して第三に、性教育攻撃は、「反性教育」「反ジェンダー」を旗印に右派の政治勢力を結集させていく手段でもあったということがいえます。価値観の違いを前面に立て、「敵」をつくり上げることで、彼らの仲間を呼び込むフィールドとして性教育に狙いを据えたのではないかと考えています。

本論の前にあえてこのことを指摘したのは、統一協会やそれと近い政治家・研究者による性教育攻撃が、アメリカでの先行事例とも似た構図であったからです。安倍晋三を中心に、右派の政治家が結集し党や国政で影響力を拡大する過程において、性教育が政治的な意図をもってやり玉にあげられ、教育の論理とは関係のないところで扱われてきたということです。それは、安倍が初当選した一九九三年からの三〇年間、文部行政に影響力はあっても自民党内の中心派閥とはいえなかった清和会（安倍派）が、まさに党内の中心派閥にまで昇りつめた歴史とも重なります。安倍の後ろ盾のような役割を統一協会は果たしてきたし、政権政党および一部の野党も含めた癒着の実態は、統一協会との協同関係という面があったといえます。

政治との癒着、研究者とのベタベタの関係

二〇二二年の夏以降、旧統一協会と政治家（岸田首相をはじめ閣僚、副大臣、政務次官、国会議員など）をめぐる接点が、次々と明らかになってきました。統一協会と政府・自民党との〝癒着隠し〟のための内閣改造の前倒しで第二次岸田改造内閣が成立しましたが、閣僚や副大臣らが統一協会との「接点」や「関係」を記者会見やメディアのアンケートで相次いで認めています。これらをまとめると、同年八月一八日までに、閣僚、副大臣、政務官、官房副長官に就任した七六人のうち三三人（四三・四パーセント）が統一協会との関係を認めたことになります。また同年九月八日現在、自民党所属の国会議員三七九人中、一七九人（四七・二パーセント）が、旧統一協会との関係について、何らかの接点があったことを明らかにしました。同党は、選挙で支援を受けるなど、一定以上の関係を認めた一二一人の氏名も公表しました。

統一協会との関係の問題は、宗教と政治の関係という一般的な問題ではありません。政治の中枢に「宗教」をかたる反社会的な集団が介入し、相互の利益のために（政治家は選挙での協力と票を得るために、統一協会は「社会的信用」を得て反社会的活動をさらに広げるために）持ちつ持たれつの関係にあるという深刻な問題です。

自民党の政治家たちが統一協会を排除できなかったのも、統一協会との関係において真摯《しんし》な反省がないことも、つまりはそうした「持ちつ持たれつ」の関係によるものです。多くの自民党の議員が、マスコミに暴かれるまで、統一協会との密接な関係を自民党にも報告しなかったり、統一協会との関係が明らかになって閣僚を罷免されても党の要職についたりすることは、この根深い癒着関係によるものです。自民党全体が真摯な反省に欠けているといわざるを得ないのです。

安倍元首相の銃撃事件以降、統一協会幹部はたびたび会見などの場に出てきていますが、一見してわかる通り、反省のかけらもありません。こうした深い癒着関係から自民党が統一協会との関係を断つことなどできないという「確信」があるのかもしれません。

しかし、この癒着関係は放置されていいものではありません。文鮮明は、二〇〇一年一月に「天一国」を宣布しました。「天一国」とは「理想世界」といわれる「宇宙平和統一国」のことであり、一つになった国が統一協会の「教祖」(メシア)に「侍《はべ》る」(身分の高い人のそばに付き従う)国のこととされます。

文鮮明の死後、その地位を継いだ妻の韓鶴子は、「夫に捧げる聖物として七カ国を復帰し、新たな天一国を開くと約束」しています(山口広他著『統一教会との闘い』旬報社、二〇二二年、二五ページ。引用文の出典は、韓鶴子『自叙伝　人類の涙をぬぐう平和の母』光言社、二〇二〇年、三三八ページ)。「国家復帰」とはその国と国民が統一協会の下に「侍り」、「統一原理」を国教化することをいうのです。「そんな非常識な、大ボラを吹いている」と多くの人が感じられると思いますが、こんなことを考えている集団が政権政党と親密になっている国でまともな政治が行われるはずがありません。両者の癒着は一刻も早く国民の前に全容を明らかにさせ、統一協会による政治介入を断つ必要があります。

統一協会が政治にさまざまな介入をし、国会・地方議員を利用してきた事実が明らかになりつつありますが、もう一つの解明すべき課題も残されています。それは学術分野において統一協会の策動に協力してきた者たちの責任を問うことです。この分野の策動の舞台となったのが「世界平和教授アカデミー」（一九七四年創立）でした。

一部の研究者は、性教育バッシング、あるいは憲法改正問題、いわゆる「慰安婦」問題、歴史教科書問題、同性婚問題、選択的夫婦別姓制度の問題などにおいて、一貫して右派陣営から発信しています。つまり、政権政党や右派政治集団の主張に共振する言説を発信しているわけですが、そうした人々が統一協会と非常に親密な関係にあることの解明もあいまいにできない課題です。そうした研究者が、政府や自治体の審議会や教育委員などに任命され、一定の役割を果たしてきている場合もあります。こうした問題も本書では論究したいと考えています。

統一協会と政権政党や政治家との関係は「ズブズブ」と形容されますが、一部研究者と統一協会の関係は、「ベタベタ」の関係にあると感じます。「機嫌をとったり、甘えてまといついたりするさま」が顕著だからです。

各章の内容を簡単に紹介しておきます。まずは「はじめに」と第1章を読んでいただき、そのうえで、関心のあるところから読んでいただければと思います。

第1章……性教育バッシングの起点としての「新純潔宣言」について。統一協会の「新純潔宣言」の内容とねらいを分析し、性教育・ジェンダー教育バッシングの起点としての意味を検討しています。

第2章……性教育バッシングに乗った政治家、メディアについて。山谷えり子議員（現在は自民党参議院議員）による国会質問をはじめとする右派政治家たちの性教育への攻撃についてくわしく述べます。性教育だけでなく、二〇〇〇年前後から、いわゆるジェンダー・バックラッシュが激しく起きたことを国と地方レベルでの動向を紹介し分析しています。あわせて産経新聞や『正論』など右派ジャーナリズムの問題点についてもふれます。

第3章……七生養護学校事件と「こころとからだの学習」裁判の意義について。二〇〇三年七月に東京で起きた「七生養護学校事件」のねらいとその背景を考察しています。そして、「こころとからだの学習」裁判の最高裁判決における明確な法的決着の内容を紹介します。今後の性教育に関する基本的な法律上の立脚点となるものだからです。

第4章……世界の性教育から見た日本の現状について。世界水準の性教育に自民党は背を向け続けるのか、そうした姿勢はどこから来ているのかを論究したうえで、世界においては包括的性教育がスタンダード（標準）として定着しており、各国でどのように前進しているのかを紹介します。

第5章……統一協会と関係の深い研究者と「性教育」論について。統一協会の性教育バッシングと軌を一にした研究者の主張を検討します。それらの主張は、残念ながら性教育を深める理論的な意味のあるものではありませんでした。一方的なラベリングで、「ウソも百遍いえば」式の言説も含め、その低劣な内容を確認しています。

終章は、本書で述べたことをふまえ統一協会問題の二〇二三年三月現在の局面をまとめ、巻末に年表をつけました。これは統一協会の創設期から、フロント組織がどのような経緯でつくられたのか、また、統一協会とそのフロント組織の策動に対して、批判する人々がどのように対応し運動をつくってきたのかをまとめたものです。

本書が多くの人に読まれ、〝あってはならないこと〟には断固として「ノー！」と言うアクションが社会的に強化されることを心から願っています。なお、本書に登場する方々のお名前の表記については、敬称を省略して表記させていただきます。ご了承ください。

〔補足資料1〕図　統一協会のフロント組織と企業一覧

政治分野

国際勝共連合[1)]
勝共UNITE（国際勝共連合の青年組織）
世界日報社[7)]
世界戦略総合研究所
世界平和連合[2)]
日本・世界平和議員連合懇談会[4)]
東西南北統一運動国民連合[5)]
世界平和女性連合[8)]
野の花会（ボランティア活動）
天宙平和連合（UPF）[3)]
平和大使協議会[6)]
日韓トンネル研究会[9)]

企業分野

龍平リゾート
一和
世一旅行社
トゥルー・ワールド・フーズ
天運守護印
UPI（アメリカの通信社）
有限会社　新世（印鑑販売）
ハッピーワールド（化粧品卸売業）

旧統一協会（世界平和統一家庭連合）

学術分野

世界平和教授アカデミー
学校法人鮮文学院　※韓国で中高大の8校運営
原理研究会・全国大学連合原理研究会[10)]
鮮文大学校　※海外留学生を多く受け入れている

出版

光言社
成和出版社

宗教分野

世界平和超宗教超国家連合
世界平和宗教連合
世界聖職者指導者会議
国際宗教財団
国際宗教自由連合
韓日人教会

教育分野

《新純潔教育の推進》
真の家庭運動推進協議会
日本純潔同盟
東西南北統一運動国民連合

注１）国際勝共連合ホームページ（2022年12月８日閲覧）によると、日本で1968年に創設。「国際勝共連合の提唱者・文鮮明総裁は、常々『世界から共産主義者が１人もいなくなるまで勝共の旗を降ろさない』と語って」きた。現在の同連合のホームページには「国内おける日本共産党等の共産主義勢力、及び、文化共産主義（家族など伝統基盤破壊）との更なる闘いを継続しています」。運動方針では、①憲法改正を実現しよう、②防衛力強化、スパイ防止法制定などを通して、我が国の安全保障体制を確立する、③同性婚合法化、行き過ぎたLGBT人権運動に歯止めをかけ、正しい結婚観・家族観を追求する、④機関紙誌及び会員を拡大する、という４つの柱を掲げる。

注２）創設大会は、1991年８月28日、ヒース元英国首相、ヘイグ元米国務長官ら世界51か国から250人の元・現国家元首や政府高官らが韓国・ソウルの会場に参加して行われた。また日本で、1996年３月東京において創設され、初代会長に久保木修己が就任。同連合の５大標語は、①救国救世基盤を造成しよう！　②日米韓結束でアジア太平洋を守ろう！　③中国共産党の覇権主義を許すな！　④内外に浸透する共産主義との闘いを強化しよう！　⑤新憲法制定のための論議を推進しよう！　で国際勝共連合の2021年の標語とほとんど重なっている。

注３）2005年９月、文鮮明・韓鶴子によって、米ニューヨークで創設。現在、日本を含め世界150か国に支部を拡大。現在、国連経済社会理事会の総合協議資格（カテゴリー１）を有する国際NGO団体。

注４）世界平和国会議員連合は、統一協会のフロント組織である天宙平和連合（UPF）が2016年に創設した団体で、各国の国会議員により構成される組織。2020年には「日本・世界平和国会議員連合懇談会」が創設され、21年の総会では細田博之議員が名誉会長に選出されている。

旧統一協会関係の団体は世界中に多くあり、一見して統一協会とは関係がないように巧妙に装って活動している。イベントでよく使用される主催者は〇〇実行委員会、後援や協賛では関連団体の略称や英語表記が使用されることも多く、各都道府県段階で組織された団体もある。そうした組織の多くで国会議員、県会議員、市議会議員らが関与している。自民党国会議員24人が役員の「日本・世界平和議員連合懇談会」は、顧問として梶栗正義（国際勝共連合会長）が参加しており、フロント団体は“統一協会の罠のネットワーク”のようでもある。

注５）「青少年教育と家庭問題を中心としたオピニオン情報誌」と称する『En-ichi（圓一）』を発行。

注６）天宙平和連合（UPF）の付設機関であり、「平和大使」は天宙平和連合によって任命される。目的として、安保体制の強化、日韓トンネルの建設促進、LGBTの権利保障の阻止などを掲げる。会長は国際勝共連合、世界平和連合、国際ハイウェイ財団の会

長などを兼任する梶栗正義。

注7）世界日報社は、1946年に創刊された同名の新聞（産経新聞の前身の一つ）の名称を継ぐ形で、1975年に創刊。日刊紙「世界日報」、週刊紙『サンデー世界日報』、月刊『Viewpoint』発行。

注8）1992年に創設されたNGOで、1997年に世界中のWFWPで組織する国際NGO「WFWPインターナショナル（WFWPI）」として、国連経済社会理事会との協議資格を有する国連NGOに認定されている。

注9）佐賀県の唐津市から壱岐・対馬を経て韓国に至る海底トンネル（海峡幅は約200km、海底距離は約150km）を実現するという。建設工事はストップしている。

注10）全国大学連合原理研究会（Collegiate Association for the Research of Principles: CARP）とは、統一協会の文鮮明の指示のもとで、1964年に設立された全国の各大学にある原理研究会という学生サークルの連合体。略して「原研」「原理研」または英名の略称で「カープ」と呼ばれることも多く、その実態は統一協会に学生・若者を勧誘し、大学で活動を行うための統一協会の偽装団体（サークル）。

第1章　統一協会の「新純潔宣言」が性教育バッシングの起点

筆者らが、性教育について研究する過程で経験してきた激しいバッシングについて、統一協会の関与や影響を告発するのが本章の目的です。統一協会とそのフロント（偽装）組織の性やジェンダーに関わる考えにしぼって概略をまず述べておきたいと思います。

バッシングのはじまり

「はじめに」で書いたように、日本における政治家・研究者・マスコミの連携による性教育バッシングの手法と実態は、先に紹介したアメリカの歴史に見られる、意図的に「敵」をつくりあげ国民や運動を分断する手法と類似しているように見えます。一九八〇年代から進められたアメリカにおける包括的性教育バッシングは、日本においては統一協会のフロント組織、政治集団、国会議員、地方議員、文部科学省・教育委員会の教育行政、さらに研究者などにもかなり参考にされたと筆者は推測しています。

日本に目を移しますと、一九九二年に施行された小学校学習指導要領により「人の発生や成長」が小学五年生の理科の学習内容に入るなどして、性教育が一種のブームの様相を呈したことがありました。一九九二年は「性教育元年」とマスコミでもとりあげられました。

ところが――あるいはだからこそ――この年から日本における性教育バッシングが始まったので

す。この年の『週刊文春』（一九九二年六月一一日号）誌上に、高橋史朗明星大学教授（当時）による「小学校の『性交教育』これでいいのか」という論考が掲載されました。この年は、後述する統一協会の「新純潔宣言」が出された年ですが、高橋は統一協会と協力関係にある研究者です（現在は麗澤大学大学院特任教授）。『週刊文春』のこの記事は、翌年に田能村祐麒・高橋史朗編集『現代のエスプリ　三〇九号　性と生命の教育』（至文堂、一九九三年）に収録されました（題名は「これでいいのか性教育」）。その内容は、山本直英ほか著『ひとりで、ふたりで、みんなと――性ってなんだろう』（東京書籍、一九九一年）という小学校（高学年向け）の性教育副読本に対する批判でした。その内容と批判は、本書第5章で述べますが、初出時のタイトルが示すように、性教育を「性交教育」などと中傷するものでした。

高橋が――自身は否定するものの――統一協会と親密な関係を持っていることは、統一協会とそのフロント組織のメディア・機関紙誌に何度も登場していることから明らかです。一九九二、九三年に限っても次の通りです。統一協会系日刊紙・世界日報（世界日報社）一九九三年二月一日付、統一協会月刊誌『新天地』九三年四月号、『圓一』（東西南北統一運動国民連合の機関誌）九三年一月、二月号。一九九二年には世界平和女性連合から『今、問われる性教育』（八月）を刊行しています。さらに、ビデオ『性教育過激派の狙い』に自身が出演していることに関して、「勝共連合系企業（勝共連合は統一協会の政治分野でのフロント組織――引用者）から出演の依頼があった」ことを本人が認めており（『週刊ポスト』一九九三年七月二三日号）、統一協会に自覚的に協力してきたことは明白です。高橋は「私自身、統一協会や勝共連合とのつながりは、まったくありません」（『週刊ポスト』前掲号）と述べていますが、事実ではないのです。

高橋論考を皮切りに、性教育バッシングが始まりました。松岡弘（当時、大阪教育大学教授）は、「新・純潔教育のすすめ」（『正論』一九九三年八月号）で、「性教育＝性器・性交・コンドーム教育」（一九五ページ）とラベリングし、「自由だ！　解放だ！　愛があればセックスだ！　オナニーのススメ、性交のススメ、コンドームがあれば大丈夫だ、中絶のススメ等々という教育は、子どもを駄目にしてしまう」（一九七ページ）などと性教育を揶揄《やゆ》しています。これもまた研究者としての品性に欠ける論考であり、残念に感じたことを覚えています。

日本写真新聞社編集主幹（当時）であった井坂弘毅は、「エイズを防げるのは純潔教育だけ」（『Ideal family』一九九三年八月号）と述べました。エイズという性感染症で脅すことで青少年の性行動を管理し、変えようとすることでは、「純潔教育」に相通じる主張といわなければなりません。

岡本真道『人間愛、家庭愛――エイズ解決はこれしかない！』（コスモトゥーワン、一九九三年）の第5章「性教育はかえって危険」には、「性教育の現実は『性交教育』」「コンドーム教育は子どもにセックスを奨励」などの項目が並んでいます。岡本は「結婚するまでは異性とキスもしないという倫理観を持つくらい、徹底した姿勢が必要です」（一〇八ページ）との、「（新）純潔教育」を展開しました。

国際勝共連合の機関誌『世界思想』（一九九三年一二月号）には、国際勝共連合の名で「性教育過

激派　山本直英氏への公開質問状――『性解放』への裏に共産主義思想 伝統的家庭制度の破壊への真意を問う」が掲載されました。フロント組織（アジア平和女性連合）からも高橋史朗『今、問われる性教育』（ノートルモンド社、一九九二年）などが出版されました。

各地方議会においても、千葉県柏市議会、札幌市議会、群馬県議会、埼玉県議会などで、前掲の『ひとりで、ふたりで、みんなと』にターゲットを絞り、「教材としてふさわしくない」という趣旨の議会質問がされました。

性教育へのバッシングがマスコミ分野で行われたのが一九九二年から九三年という年でした。そして、その後さらに、バッシングの嵐は吹き荒れたのです。

学校現場への影響

一九九二年以降のこうした事態は、現場に強く影響しました。全国の性教育現場は総じて萎縮《いしゅく》し、性教育の抑制・自主規制、あるいは管理職による授業計画・授業案へのチェックなど管理強化が進みました。

それは、すでに見たような研究者や知識人による性教育バッシングに加え、次のような事情もありました。

一九九八年の学習指導要領改訂において性教育に関する事項にいわゆる〝はどめ規定〟が加わりました。具体的には、小学五年の理科で、「人の受精に至る過程は取り扱わないものとする」とされ、中学一年の保健体育科で、「妊娠の経過は取り扱わないものとする」など学習指導要領が規定したのです。二〇〇八年の学習指導要領で〝原則解除〟となった以降も、性教育に関連するはどめ規定は存続しました。

また、二〇〇三年七月の七生《なな お》養護学校事件（第3章で詳述）は、全国の学校運営と行政、性教育実践者に、「性教育を積極的に推進したら、こうした懲戒処分が行われるかもしれない」という〝威圧的な事例〟として受け止められました。

さらに、二〇〇六年に「改正」された教育基本法は、教育目標として「伝統と文化を尊重し、それらをはぐくんできた我が国と郷土を愛する」が加えられ、性教育よりも道徳教育をより重視する方向に教育行政がシフトしました。

一方、世界の動向は、そうした日本の状況とは全く異なっていました。一九九九年には世界性科学学会によって「性の権利宣言」が発表され、「すべての人が包括的性教育を受ける権利がある」ことが明記されました。二〇一〇年にはUNESCO編『新版 国際セクシュアリティ教育ガイダンス』（邦訳は明石書店より二〇一七年に刊行）が世界に向けて提案されました。二〇一八年にはUNESCO編（国連五団体協力）『改訂版 国際セクシュアリティ教育ガイダンス』が発刊され（邦訳は二〇二〇年に刊行）、国際的なスタンダードとして活用されています。

各国の状況をみれば、フィンランドでは、一九七〇年に総合義務教育法で必修の体育（保健を含む）に性教育が入れられることで必修化され、一時期は経済不況により学校の経費が削減され性教育は選択教科になるといった状況もありましたが、二〇〇六年には中学校で性教育を含む健康教育が必修化されました。

フランスでは、一九二〇～六六年は学校での性教育は禁止されていましたが、一九六七年には避妊が公認され、教育課程に性教育が加えられました。一九九八年には性教育の必修化が行われ、二〇〇一年には中絶と避妊に関する法律の改定を踏まえて、学校性教育が法制化されるなど、着実に包括的性教育が学校現場で活用されている現状があります。

このように国際的な動向や国々の状況を見ても、一九九二年からの三〇年間、日本がいかに性教育を後退させ抑制してきたか痛感します。先進諸国では性教育の法制化、学校における性教育の必修化が前進してきました（第4章参照）。日本の後退と欧州での前進という現実のなかで、権利としての性教育保障の国際的な格差はより大きくなりました。日本の性教育は世界からさらに取り残されたといえます。公教育で子どもたちに必要な性を学ぶ権利保障は、三〇年間も政策的になおざりにされてきたのです。

なお、各国の性教育の発展の内容については、橋本紀子・池谷壽夫・田代美江子編『教科書にみる世界の性教育』（かもがわ出版、二〇一八年）、および『季刊セクシュアリティ』一〇六号（二〇二二年四月）の特集：世界の性教育のつくり方）が参考になります。

1　一九九二年の「新純潔宣言」と「統一原理」

統一協会が「新純潔宣言」を宣布したのは一九九二年でした。ごく短い、以下の六行からなるものです。

「生命を破壊する核兵器は人類の脅威ですが、
それも愛を破壊することはできません。
私たちが最も恐れなければならないのは、
愛が破壊されることです。
とめどない性の淪落《りんらく》から真実の愛をまもるために、
私たちは新しい純潔観の必要性を宣言します。」

これに続けて、「私たちは、現在すすめられようとしている『性教育』――性解放思想に基づく性器・性交・避妊教育――には反対します」という方針を明記しています。

さらに続く説明文では次のように述べています。

「……『純潔』と言っても、昔のいわゆる修身教育的性倫理観の単純な復活を意図したものではありません。

なぜ純潔は守らなければならないのでしょうか？

『伝統・しきたりだから』『世間体があるから』『社会秩序が乱れるから』……。これまでの保守的性倫理観は純潔の大切さを訴えてはきましたが、なぜそれが必要なのか……明確な理論を示さないまま、ただ習慣・制度としてそれを民衆に定着させてきました。

性解放思想はそれを『体制による個人の権利・自由の抑制』であるとして批判する所から始まっています。彼らにとって純潔は重要な意味を持たず、不倫も同性愛も乱交もすべて個人の責任において自由とされます。

『新純潔宣言』はその左右両極の対立を超えたところでなされます。

その目的は、統一原理に基づいた愛と性に関する真理を提示し、青少年に神の息子・娘としての自覚を持たせることにあります。そうすれば彼らは自らの意志で純潔を守るでしょう。」（傍線は引用者）

ここで「左右両極の対立を超えた」「純潔」の目的として、「統一原理に基づいた愛と性」により、「青少年に神の息子・娘としての自覚を持たせること」としているところに注目してください。

統一協会によれば「統一原理」とは、「①創造原理 ②堕落論 ③復帰原理 の三つから成り立って」います。彼らの「教義」とされるものですが、後述するように荒唐無稽《こうとうむけい》な作文でしかなく、キリスト教の一種のように装っているものの、それとはまったく異なるものでしかありません。その結論は、政治と宗教（統一協会の教理）を一体のものとし、統一協会の教理を政治の基本理念にし、それを世界レベルで実現していくことにあります。

「人類の父母となられたイエスが韓国に再臨されることが事実であるならば、その方は間違いなく韓国語を使われるであろうから、韓国語はすなわち、祖国語（信仰の母国語）となるであろう。したがって、あらゆる民族はこの祖国語を使用せざるを得なくなるであろう。このようにして、すべての人類は、一つの言語を用いる一つの民族となって、一つの世界をつくりあげるようになるのである」（『原理講論』光言社、一九九六年、六〇四ページ）。

この韓国に再臨するというキリストが文鮮明――統一協会の「教祖」とされる人物――だというのが、彼らの主張です。つまり統一協会における「神」とは文鮮明だということになります。

また、次に見るように、初期の人類であるアダムとエバのうち、エバがサタンと性行為をしたことが人類の災厄であり人類はサタンの末裔《まつえい》であるというのが、統一協会の「堕落論」です。『原理講論』による「堕落論」の説明では、「人間が天使の誘惑に陥って堕落したという事実、人間も天使もみな淫行によって堕落したという事実、その上にまた、被造世界においては、霊的存在であって、お互いにある情的関係を結ぶことのできる存在とは、人間と天使以外にはないという事実などを結びつけてみるとき、人間と天使との間に淫行関係が成り立ったであろうということは、容易にうなずくことができるのである」（同前一〇二ページ）といいます（私には「容易にうなずく」どころか、首を傾げることしかできない内容ですが）。

そして、「では、人間はいかなる経過を経て、堕落した天使、すなわちサタンの子孫となったのであろうか。これは、人間の祖先が天使と淫行を犯すことによって、すべての人間がサタンの血統より生まれるようになったからである」というのです（同前、一〇二ページ）。

「天使が神に反逆して、エバと血縁関係を結んだとき、偶発的に生じたすべての性禀《せいりん》を、エバはそのまま継承した（中略）エバと、再び血縁関係を結んだアダムも、またこの性禀を受け継ぐようになった。そして、この性禀が、堕落人間のすべての堕落性を誘発する根本的な性禀となってしまったのである」（同前、一二二ページ）。

堕落した「血統」を浄化（サタンからの「血統転換」）するため、「神＝メシア（救世主）＝文鮮明」との性行為が必要だというのが統一協会の、いわゆる「血分け」論です。あまりにも特異な論ですが、集団結婚や「宗教二世」問題などを生み出す根本にはこうした「教義」があります。精神的にも性的な面でも「神」＝文鮮明のもとで「統一原理」に従うことで自らの「復帰」（堕落した時の経路をたどって堕落前の本然の姿にまで戻すこと）を実現し、「祝福」への道に導かれるのだと信者たちには受け止められています。

「新純潔宣言」にある「統一原理に基づいた愛と性」とは、このような統一協会の考えを示す表現です。自らの性に関わる決定を自らが行うという人権尊重の考えとは真逆の、一人ひとりの性を文鮮明あるいは統一協会のものにする必要があるという考え方であり、宗教の「教義」としても荒唐無稽としか言いようのないものです。それを「純潔」という言葉で覆い隠し、また正体を隠した勧誘と巧みな洗脳的手法で信者獲得につなげているのです。統一協会の勧誘を受け入れると、周囲との交流を断たれ、自己決定権を全面的に否定するマインド&ボディコントロールの手法につなげられ、「食口《シック》」（「家族」を意味するが統一協会では信者のこと）にされてしまうのです。

統一協会のこうした「教義」そして「新純潔宣言」は、科学・人権・自立・共生を基本理念とする性教育、日本国憲法や子ども・女性・障がい者の人権条約等の理念と人権条項を骨格にした性教育の方向と、全面的にぶつかり合うものでした。性教育の理論的実践的発展は、統一協会の「教義」への批判そのものともいえるだけに、彼らは性教育の発展を目の敵にして攻撃するのです。日本国憲法や一九四七年教育基本法の掲げる価値を敵視していた右派の理論家や政治家たちは、そういう統一協会を仲間として協同した――統一協会との関係を隠すか公開するかは様々であっても――というように、筆者には感じられます。

なぜ統一協会は「新純潔宣言」を必要としたか

ところで、統一協会は、一九九二年にどのような理由があって「新純潔宣言」を打ち出し、「新純潔教育」の推進を強調するようになったのでしょうか。社会的背景を考えてみます。

第一に米ソの冷戦構造がソビエト連邦の崩壊（一九九一年一二月）によってなくなり、いわゆる東西対立構造というものが弱まったなかで、自らの存在意義を、「反共」一本やりではなく、他の分野で自民党や右派政治勢力などに再認識させる必要があったと思われます。つまり、「純潔」ということ以上に、性教育・ジェンダーへのバッシングにこそ重点があったのです。

第二に、「はじめに」で述べたように、一九九二年がいわゆる「性教育元年」となり、前年から〝性教育ブーム〟が起きていたという事情があります。科学と人権を柱にした性教育は、文鮮明への絶対的な服従（したがって男性中心、ジェンダー不平等）、といった統一協会の立場とはまったく相いれないものですから、それへの対抗軸を打ち出す必要があったのでしょう。ただし、「教義」をそのまま言ったのでは人々に相手にされないので、古い純潔教育でも科学的な性教育でもない、「新純潔教育」という、新しい思想のような装いをこらしたのだと思われます。

第三に、一九八〇年代、霊感商法および集団結婚式への社会的批判が大きな高まりを見せ、統一協会の悪評が広がるもとで、社会的に何らかの存在価値のアピールが求められていたという事情もありました。全国霊感商法対策弁護士連絡会によれば、統一協会による霊感商法の被害相談が殺到しており、九一年だけで約一八〇〇件、被害額は約九二億円という状況でした。当時、まだ「性教育は寝た子を起こす」的な考え方が色濃くあり、その点も利用して「新純潔教育」をテコに自らの影響力を浸透させるというねらいがあったと思われます。子ども・若者のことを憂えているという姿勢を示すことで、批判の矛先を変える大きなアピールとしての意味も持っていました。

第四に、集団結婚問題などとの関連で、彼らの性に関する考え方が批判にさらされていたという背景があります。統一協会にとって「神」としての存在である文鮮明が、セックスを媒体とした布教活動をしていた歴史があることは、当時すでに宗教学者などによって明らかにされていました。

韓国の土着宗教である混淫派（教祖と「血分け」＝セックスをすることで神の子を産むことができるという教え）に、文鮮明の「教え」の源流があることを指摘されたのに対し、「純潔」を尊重していることで批判をかわそうとしたといえます。

第五として、社会的な批判に動揺する信者を引き締め結束させるために、「結婚までは恋愛もセックスもしない」ことを誓わせたという側面もあったと思われます。つまりは信者の管理・統制のため、信者集団を社会から思想的に隔離し、その行動を統制（マインド・コントロール、ボディ・コントロール）しようとしたのです。信者に対する「新純潔教育」です。

第六として、「性解放思想」という問題があるかのように描き、それに対抗する「宣言」を示すことで『原理講論』の「堕落論」を補強する意味も持っていたと思われます。性教育へのラベリングは、ありもしない妄想をかき立て拡大させることで一般の人々にネガティブな印象を与えたでしょうし、現場においては性教育をめぐる自由な議論も萎縮し、結果として子どもの性的自己決定をはぐくむ課題は置き去りにされました。

後述するように、自民党は、本来なら政権党として、性教育政策の転換を求められていたのに、科学と人権を基盤にした性教育への逆流をつくり、教育現場を管理する口実にしました。〝こんなひどい性教育をしている教員や研究団体を許すな〟と、時代と子どものニーズに応える性教育やジェンダー平等につながる、日本社会に本来求められていた自由な議論を封じたという構図になりました。その点でも自民党と統一協会は共存関係にあったのです。

2　統一協会の結婚観と『原理講論』

「新純潔宣言」は「性対象」を「神によって祝福された夫婦間に限定」し、「男女とも絶対守る」ことを誓わせます。統一協会はこの「神」を「メシア」（救世主）ともいいますが、それは統一協会では文鮮明のこととされています。

統一協会の「教典」である『原理講論』には次のように書かれています。「神は、既にこの地上に、このような人生と宇宙の根本問題を解決されるために、一人のお方を遣わし給うたのである。そのお方こそ、すなわち、文鮮明先生である」（『原理講論』〔重要度三色分け〕光言社、一九九六年、三八ページ）。つまり「神」＝メシア＝文鮮明、そして文の死後はその妻の韓鶴子《ハンハクチャ》に、事実上、すべてを委ねることになっています。その本質は、個人が自らの意思と判断によって性行動を選択することを許さないものといわねばなりません。「純潔」は、子ども・若者を信者として縛るための守るべき行動指針ともなります。しばしば、統一協会信者の親から生まれた子どもが、思春期になって異性に関心を持つという、人として当然の行動を厳しく禁じられるのも、ここからきています。こうして「神」の言いなりになることが〝新しい純潔〟の行きつく先であり、性行動に対してのこうした管理は、彼らが信者を支配する「教義」の根幹に位置づいているのです。

統一協会は、こうした本質をベールに包みながら、新純潔教育キャンペーンを進めました。「世界平和女性連合」は、一九九二年に文鮮明と韓鶴子によってアメリカで設立された団体ですが、同年九月に日本においても結成後、半年余りで全国二〇〇か所での集会を開いており、冊子『Pure Love』の大量配布と性教育についてのアンケートを積極的に行っています。

また「東西南北統一運動国民連合」（一九八八年創設で統一協会の「統一運動」の担い手とされている。九〇年代初頭の議長は、福田信之筑波大学元学長。事務総長は統一協会幹部の太田洪量。以下「国民連合」と略記）も講演会やセミナーを県レベルで積極的に開催しています。さらに「国民連合」は新純潔教育副読本というべき『人間ってすばらしい』を発行し、『原理講論』の子ども向け学習会を開いて、信者の二世教育を行ってきました。

この冊子『人間ってすばらしい――ぼくの生き方、わたしの生き方』は「国民連合」が一九九三年に発行したもので、監修者として福田信之のほか、九嶋勝司（秋田大学元学長、「国民連合」秋田県委員長）、木村光徳（山陽女子短期大学元学長、「国民連合」広島県委員長）などが名を連ねています。まさに子ども向けの「新純潔教育」のテキストとなっています。「国民連合」の当時の重点活動である「土曜塾」（「各地で開催、学校での勉強の補習とともに、隣人や自然に対する愛情を育てる真の人間教育を目指しています」と「国民連合」案内パンフにある）で使われてきました。

統一協会はこの時期、国会・地方議会対策とともに家庭と地域を基盤にした活動を展開していくという基本戦略を確立させたのだと思われます。現在、統一協会がすすめている家庭教育支援法と自治体における家庭教育支援条例および青少年健全育成基本法、青少年健全育成条例の制定運動も、そうした統一協会の基本戦略にそった策動といっていいでしょう。

『人間ってすばらしい』は、小学生が読める内容で作成されています。統一原理の「教義」、とくに「祝福」(結婚)に至るまでの特殊な性倫理観が小学生向けにまとめられています。「新純潔宣言」で示されたように「その目的は、統一原理に基づいた愛と性に関する真理を提示し、青少年に神の息子・娘としての自覚を持たせること」にあります。「結婚するまでは、愛において一番だいじな純潔を守りとおさねばなりません。それが私たち人間が結婚するまでの責任なのです。そのことは世界の聖人である釈尊や孔子やイエスも生涯をかけて説いた内容です」(三六ページ)と教え、「人間は最高の愛の中に生きることを心から願っています」(三七ページ)と述べています。もっともらしい言い方で「神の息子・娘としての自覚」に結びつけようということでしょうか。

具体的な内容をみると、宇宙の神秘について「きわめてはっきりとした基本的な法則」としての「ペア・システム」(対の仕組み)があるとして、「結婚するまでは、愛において一番だいじな純潔を守りとおさねばなりません」(三六ページ)と書かれています。そこには多様性という視点は存在しません。

そもそもペア・システムを「基本的な法則」であるということも現在では到底通用しない押しつけの考え方です。むしろ「統一原理」における祝福(結婚)は男女でなければならないという「教義」にあわせて、こじつけの説明をしているのです。宇宙や自然界をみても実に豊かな多様の中で生物や自然は存在しているのが実際です。人間の性（セクシュアリティ）もそもそも多様な存在です。家族も多様性の中にあります。人間関係はまさに多様ですし、「ペア」であることは関係性であって、けっして「システム」ではありません。個人の多様性を尊重する社会こそ人間を大切にする社会のあり方であると筆者は考えています。「神秘」とは、「普通の理論・認識を超越した事柄」であって、基本的な法則などではなく、ミステリアスな思い込みです。

第四話「人間の愛について／1　男性と女性」では、次のようなくだりがあります。

「小学校の上級生から、中学生へと大きくなるにつれ男の子も女の子も精神的、肉体的にそれぞれ特徴がはっきり表れてきます。……このような身体的特徴は、男女がそれぞれ成長していく過程において、より明確なものになってきて『男らしさ』と『女らしさ』が見た目にもはっきりしてきます。さらに、精神的な面においても、男は強くてたくましい心をいだく傾向をもっており、女は優しくて暖かい、細やかな心をそなえる傾向があります。男女の成長とは、このような精神と肉体の両面にわたる『男らしさ』と『女らしさ』の発現であるということができます。……女の人は男性の『男らしさ』を愛するし、男の人は女性の『女らしさ』を愛するわけです。……言いかえれば、男は女のためにあり、女は男のためにあると言ってもいいわけです。一言でいえば、愛のためということになります」（三一～三二ページ）。

少し長い引用をしましたが、男女をステレオタイプ化（型にはまった画一的なイメージ化）する叙述の典型例であることがよくわかると思います。挙げられているような「男らしさ」「女らしさ」は、事実と現実から乖離《かいり》しています。また、小学生から中学生になる時期に身体的特徴が「はっきり表れて」こない子どもたちも少なくないのですが、そうした子どもたちを視野に置かない、無神経なものともいえるでしょう。

こうしたステレオタイプの背景には、統一協会のいう「二性性相」の論理があります。「人間においても、男性には女性性相が、女性には男性性相が各々潜在しているのである。そればかりでなく、森羅万象の存在様相が、表裏、内外、前後、左右、上下、高低、強弱、抑揚、長短、広狭、東西、南北のように、すべて相対的であるのも、あらゆる被造物が二性性相の相対的関係によって、互いに存在できるように創造されているからである」（前掲『原理講論』、四三ページ）。この「二性性相の相対的関係」は、「神の見えない神性の、その実態対象として展開されたもの」（同前、四二ページ）であり、神は、男と女、こころとからだ、霊と肉などの両性を結ぶ「中和的主体」（同、四七ページ）であるというのです。

つまり、神によって創造された被造世界はすべて二分されていて、それを結びつけているのは神であるという論理です。神によって男女が分けられているのであるから、自分の判断で行動したり、恋愛関係をはぐくむことは神の「摂理」に反する行為であるというのです。

「二性性相」の論理は、すべての決定を神＝文鮮明（彼の死去以降は韓鶴子）に託してしまうために作られた「論理」といえます。それは信者の意思の一括管理と統一協会の一部の人間（主には文鮮明一家）への権力の集中化を目的にしているのです。

「男らしさ」「女らしさ」の強調が意味するもの

『人間ってすばらしい』は、「男らしさ」「女らしさ」を繰り返し強調します。思春期における男女の身体的・精神的な特徴を強調します。男は強くてたくましい心、女は優しくてあたたかい、細やかな心を本能的に備える傾向があることを強調するのです。その一方、心の三つの働き（知・情・意）のなかでも「情」に関しては強調するものの、からだに関する知識についてはまったく記述していません。

男女の特性の固定的な類型化についていえば、すでに実態的にもそうした状況にはありません。性にはさまざまなグラデーションがあり多様なものであることが、広く認識されるに至っています。生物学的な意味での性、自分をどういう性と認識しているか（性自認）、どんな相手を好きになるか（性的指向）、どんな性として自己を表現するか、など性の位相はさまざまですし、それぞれについて、自分を男性と認識するか女性と認識するか多様な自己認識があるといえます。この冊子のタイトルとは裏腹に、人間に対する理解が非常に貧困でジェンダーバイアス（偏見）がむしろ強化された論理で貫かれた内容となっています。

このような記述の構成の根底には、統一協会の、心とからだについての特異な認識があります。「人間は神様の真の愛を中心として、父子一体の関係をもって生まれたので、神様の心と体も、真の愛によって自然に統一されなければなりませんでした。ところが、サタンの愛と生命と血統を受け継いだ堕落人間は、体はサタン側の、心は神様側の一線に立って、絶えず闘っているのです。このように今日、『私』を中心とした愛は、心ではなく体と関係があります。この体は悪魔の舞踏会になってしまいました」（韓鶴子『韓鶴子総裁御言選集二巻　理想世界の主役となる女性』光言社、二〇二〇年、二二ページ）。

このように彼らには、からだに対してきわめて否定的で嫌悪的ともいえる認識があるのです。

「人間は体という外形と心という内性とからできている。そして、見える体は見えないその心に似ているのである。……心と体とは、同一なる人間の相対的両面のかたちをいうのであって、体は第二の心である」（『原理講論』四四ページ）。だから、「体の欲望を弱化させ、心の思いのままに順応できるように」（韓鶴子、前掲書、二三ページ）することが堕落から救われる第一歩となるというのです。心のあり方に焦点を当てているといえなくもありませんが、心もその一部であるところのからだに対する科学的な認識が欠落していますから、非常に恣意的《しいてき》な心のコントロールが入り込んできます。信者をマインド・コントロールして支配する統一協会らしいといえばそれまでですが。

「結婚までは純潔を守ろう」の落とし穴

前述のように、『人間ってすばらしい』には、「結婚するまでは、愛において一番だいじな純潔を守りとおさなければなりません。それが私たち人間が結婚するまでの責任なのです」と書かれています。一見すると純潔思想そのものであると捉えられそうな文言です。しかしここには、彼らの特異な結婚観が隠されています。

統一協会の結婚観について具体的に見てみましょう（世界基督教統一神霊協会『地球家族への招待状』光言社、一九九〇年、一〇四～一〇五ページ）。統一協会の結婚には四つの条件が伴います。その第一は、「あくまでも結婚は異性間の結合である」。これは厳格な規定であり、同性愛は禁じられているのです。第二に、「その結婚は配偶者の一方が死ぬまで続く」ことになります。ここでは離婚は許されない行為であるのです。第三に、「結婚は人間同士の契約である以上に、神の前における契約である」ことが謳《うた》われています。第四として、「結婚生活、子供の養育を通してキリストの聖性に至るという目的」が挙げられています。そして、「自分自身もその神秘に参与するのが結婚である」とされています。

この四点を見るだけでも、古い純潔思想よりも強権的であることがよくわかります。「婚姻は、両性の合意のみに基いて成立し、夫婦が同等の権利を有することを基本として、相互の協力により、維持されなければならない」という憲法第二四条を正面から否定する内容で、「個人の尊厳」の尊重の思想は微塵もありません。

とくに第三の「結婚は人間同士の契約である以上に、神の前における契約である」という内容は、統一協会における「結婚」の特異性が示されています。少なくとも戦後、日本国憲法の下で結婚は本人同士の合意のみで決定するものであり、それ以外の力や権威が働いてはならないはずです。

統一協会では、「第一相対象目的、つまり縦的愛」と称する教祖との「愛の強い基盤」をつくったうえで「横的愛」（夫婦間の愛）を成立させれば、永遠に「堕落」せずに結婚生活を続けることができると教え込まれます。統一協会で「祝福」を受けた女性は、「二人の夫（文鮮明と自らの夫）に侍らなければならない立場」（文鮮明『祝福家庭と理想天国』第二巻、光言社、一九九八年、三四九ページ）に置かれることになります。異常かつ差別的なこうした「教義」から見ても、彼らの言う「純潔」なるものが人間らしさや個人を尊重する愛情とは相反するものであることがわかると思います。

ちなみに、彼らが行う集団結婚式は、「血分け」をセレモニー化したものです。初期の統一協会では、「血分け」の儀式が行われていたといわれています。それは文鮮明と女性信者が実際に性交するというもので、そうすることで信者の血液が浄化されると教え込まれていました。文鮮明と性行為した女性は〝浄化された女性〟とされ、男性信徒は、このような女性信徒と関係を持つことでまた「純潔」を得られるというのです。彼らはこれを「祝福」と呼んでいます。今日の集団結婚式では実際の性行為は行われなくなっていますが、それを象徴する儀式は行われています。

これはすでに述べたように彼らの「堕落論」「復帰原理」に基づくものですが、「純潔」でも何でもない、性的退廃のきわみというべきでしょう。文鮮明が青年期に影響を受けた土着宗教には、「混淫派」といわれる、血分け＝性交で血液を浄化するという宗派がありました。文は一九五五年、韓国の梨花女子大学の学生を不法監禁した容疑で逮捕されています。その際に、文鮮明は「私は神の子だから、私と肉体関係をもつことで、あなたは救世主を産むことができる」と説教したことが新聞で報道されました。まさにこれが「祝福」の教義のルーツであるのです。

こうした特殊な「教義」に基づいて、結婚までは「絶対に男女の愛の交わりは避けなければなりません」というのですから、彼らには、結婚までに恋愛やセックスをすることはすべて「堕落」として排除・糾弾の対象となるのです。結婚するしないにかかわらず、人生のなかの性的行動には、さまざまな選択肢とプロセスがあるのが実際です。ときにはさまざまなトラブルにも関わることがあります。婚前に、恋愛やキス・セックスなどの性行動をとることも、離婚をすることも、同性愛も、一人ひとりの自己決定に委ねられています。「新純潔教育」はそうした性的自己決定権を否定し、きわめて特異な「絶対的価値観」を押しつけるイデオロギーとなっています。

こうした主張は、政治的な保守層を掘り起こすための論理と重なっていることも見なければなりません。統一協会の友好団体とされる「世界平和連合」は、選挙などに際して「推薦確認書」に政策項目を明記しています。政策項目に並ぶのは、憲法を改正し、安全保障体制を強化する／家庭教育支援法及び青少年健全育成基本法の国会での制定に取り組む／「ＬＧＢＴ」問題、同性婚合法化に関して慎重に扱う／アジアと日本の平和と繁栄を目指す「日韓トンネル」の実現を推進する／国内外の共産主義勢力、文化共産主義勢力の攻勢を阻止する／以上の趣旨に賛同し、平和大使協議会および世界平和議員連合に入会すると共に基本理念セミナーに参加するなどの言葉です。彼らはこれらを議員活動で推進することを署名で議員に求めてきました。「推薦確認書」を取り結んでいるのは自民党の議員で、こうした政策内容をアピールし、「保守票」を掘り起こしています。

『原理講論』という作文

率直に言って、『原理講論』は信者の管理・支配、そして献金集めの作文となっています。長々しい書物ですが、その中でカギになる言葉は、一つは「祝福」であり、もう一つは「万物復帰」です。

「祝福」とは集団結婚のことです。本人同士の意思ではなく、統一協会（当初は文鮮明。文鮮明の死後は、未婚の信者がマッチングサイトに登録し、マッチングサポーターが結婚相手を決める仲介役をする）がマッチングし、国籍や民族も関係なく決められるという異常なものです。すでに述べたように、『原理講論』によれば、アダムとエバの時代に、エバがサタンとセックスしたことによって人間は「原罪」を背負い、サタンの血統になったと教えるのです。「原罪」とは、「原理では、天使長ルーシェルとエバが性交し、その結果、霊的堕落がおこり、アダムとエバの性交で肉体堕落がおこったとする。その救済は合同結婚によって、血統転換を行なうことである」というものです（川崎経子『統一協会の素顔――その洗脳の実態と対策　新装改訂版』教文館、二〇〇八年、二二七ページ）。

不正や不幸の原因がサタンの血統にあるので、「血統転換」が必要であり、「教祖」によって選ばれた女性が、「教祖」から指名された男性と結婚することが「祝福」といわれます。それによって「原罪」のない子どもが生まれ、救済されることになるからです。集団結婚式はその象徴とされる儀式です。ちなみに、集団結婚式に日本側から出席するためには、一人一四〇万円を持参しなければならないそうですが、韓国からの参加者の費用は一四万円、日本の一〇分の一です。

もうひとつのキーワード「万物復帰」は、「神」を中心とした「地上天国」を造るために、サタン側に奪われた万物（人間を含む森羅万象。とりわけお金が重視される）を「神」の側に取り戻さなければならないという「教え」です。『原理講論』（重要度三色分け、光言社、二〇二〇年、第五版）には、サタンの血統を受け継いだ人間が解き放たれるための秘訣として、次のように書かれています。

「どのようなものであっても、その本来の位置と状態を失ったとき、それらを本来の位置と状態まで復帰しようとすれば、必ずそこに、その必要を埋めるに足る何らかの条件を立てなければならない。このような条件を立てることを『蕩減《とうげん》』というのである。例を挙げれば、失った名誉、地位、健康などを原状どおりに回復させるためには、必ずそこに、その必要を埋める努力とか財力などの条件を立てなければならない」（二七三〜二七四ページ）。「神は彼らに供え物をささげるように命じられたのである」（二七三ページ）。

これは端的に、統一協会への献金集めに精を出せという指示に結びつく「教え」といえるでしょう。なんと強欲な「神」でしょうか。『原理講論』は、この種の文章のオンパレードであり、信者の幸せを語ることはなく、信者を管理・支配するための誘導の「論理」がいたるところに見つかります。常識的な判断力があれば、およそ受け入れられないものですが、信者に対しては徹底した洗脳的なプロセスで浸透させていくのです。

『原理講論』では、キリスト教の聖書は「時代によって変わらざるを得ない」と書かれています

（三〇ページ）。

「もちろん、真理は唯一であり、永遠不変にして、絶対的なものである。しかし、聖書は真理それ自体ではなく、真理を教示してくれる一つの教科書として、時代の流れとともに、漸次高められてきた心霊と知能の程度に応じて、各時代の人々に与えられたものであるために、その真理を教示する範囲とか、それを表現する程度や方法においては、時代によって変わらざるを得ないのである。したがって、我々はこのような性格を持っている教科書そのものを、不動のものとして絶対視してはならないのである」（同前）。

聖書に関して「時代の流れとともに」「変わらざるを得ない」というのは、きわめて特異な「教え」です。時代状況の変化があって、どのような内容に変えていくことが必要なのかが問い直されることはあるかもしれません。しかし、聖書が必ず変わるべきという「教義」はキリスト教にはないものです。このように必然的に「変わらざるを得ない」ことを強調するのは、聖書に対するでたらめな解釈を正当化するためではないでしょうか。

信者二世の苦悩

「はじめに」で統一協会問題は五つの問題が複合した深刻な社会問題であると述べました。その四番目に挙げた信者二世の人権侵害問題は深刻です。この問題は、たとえば、子どもの権利条約が保障する、「アイデンティティを保全する権利」（第八条）を侵害されている問題といえますし、

「子どもの思想、良心および宗教の自由への権利」（第一四条）に関わる問題であり、「宗教虐待」という側面を持っています。そうした現実の一端は、菊池真理子『「神様」のいる家で育ちました――宗教2世な私たち』（文藝春秋、二〇二二年）にリアルに描かれています。

『週刊東洋経済』（二〇二二年一〇月八日号）の特集「宗教 カネと政治」には、「東洋経済オンライン」で統一協会二世に関するアンケートを実施し、七七〇人から得られた回答が集約されています。「親・家族の信仰によって、社会生活での支障や苦痛を感じたことがあるか」という質問には、七六・三パーセントが「ある」、一四・七パーセントが「ない」、九・〇パーセントが「どちらともいえない」と回答。具体的に苦痛を感じたこと（複数回答）として、「信仰を強制される」（四五一）、「親の布教。自分が布教させられる」（三五三）、「周囲の宗教への無理解」（二八三）、「選挙の手伝いや応援」（二七七）、「恋愛、結婚の制限」（二一五）、「学校でのいじめ、人間関係のもつれ」（二〇六）、「献金による家計の悪化」（一八九）、「職業選択・仕事をするうえでの制限」（一二〇）、「学業・進学の制限」（一〇七）などとなっています。

人権侵害にあたる問題が多数あると推察できます。子どもの権利を守る立場から、こうした実態に向き合う必要があると思います。上記アンケートでは、「二世であることや、その悩みを相談できる人はいるか」という質問には、五三パーセントがいないと答えています。教団外に相談できる窓口が確保されることは必須課題となっています。

教団という強固な縛りのある集団のなかにいることで、深刻な孤立・孤独の中にいる二世の実態が明らかになっています。信者としてのあるべき姿が家族から強制され、統一協会の信者管理と支配、献金の事実上の強制が、同調圧力として、二世たちをがんじがらめにしていると推測されます。信者である親のもとで「家庭の役割」としてもそれらが求められることで、教団としての責任が問われることから逃れる仕組みとなっているのです。

旧統一協会に確信を持って献身している人たち、さらに統一協会のフロント組織と知らずにイベントに参加したり、その真実を知らされないままに協力し献金をしている人々に対しては、「サービスと援助をして、それから彼らをコントロールせよ」（スティーヴン・ハッサン著、浅見定雄訳『マインド・コントロールの恐怖』恒友出版、一九九三年、三二ページ）という統一協会の戦略を見抜くよう支援することが大切です。金儲けと信者支配の罠《わな》から脱出するための支援組織・機関の整備が課題であり、いまも犠牲者が増え続けていることに、国や行政がどのように対応するのかが鋭く問われています。

第2章　国と地方における〝過激性教育〟キャンペーン

——安倍&山谷コンビがつくったジェンダー・バックラッシュ

国会と地方議会におけるジェンダー・バックラッシュ

第1章で見たように、統一協会と一部研究者らによる性教育バッシングが一九九〇年代に盛んに行われました。それはやがて政治の世界にまで持ち込まれ、教育行政への不当な圧力にもなっていきました。本章と次の第3章では、その模様と、最も強権的な性教育バッシングとなった七生《なな お》養護学校事件を取り上げて、問題の背景と本質についてまとめておきたいと思います。

国会で一九九九年六月に成立した男女共同参画社会基本法（以下、基本法）に基づいて、二〇〇〇年三月頃から地方自治体で男女共同参画条例が策定され始めることになり、この分野の具体的な施策が展開されるようになってきました。基本法前文においては、「男女が、互いにその人権を尊重しつつ責任も分かち合い、性別にかかわりなく、その個性と能力を十分に発揮することができる」社会をめざすことが明記されています。また、二条では「社会のあらゆる分野における活動に参画する機会が確保され、もって男女が均等に政治的、経済的、社会的及び文化的利益を享受する」と規定されています。こうした、「性別にかかわりなく」「男女が均等に」各分野で活躍し利益を享受するという点に関して、自民党内部や統一協会との関連が深い研究者から批判的な意見が発せられていました。

とりわけ、自治体レベルで法的な権利の拡充をめざす男女共同参画条例には、さまざまな「批判」が二〇〇〇年前後から噴出し、条例制定に反対する、あるいは、すでに成立している条例においてはその変質をすすめる動きが現れてきました。たとえば、二〇〇一年から一年半かけて論議された千葉県男女共同参画条例案（提案者は県）の、「性別にかかわりなく」という文言には「ジェンダーフリーの過激な思想に基づくもの」という批判、また「性の自己決定権」という文言には「産む・産まないことを女性が決定できるという基本的人権は確立されていない」などの意見が自民党議員から出されました。〇三年二月の県議会に上程され成立したのですが、県提出の条例案から四〇か所以上の削除と修正が行われ、ジェンダー平等の社会参加の理念が骨抜きにされた「男女共同参画条例」に変質することになりました。

他の自治体でも以下に示すような動きがありました。「ジェンダー・バックラッシュ」（ジェンダー平等の具体化や性教育を発展させようとする動きに対して、それを阻止し、逆流や反対の動きを組織する活動）の様相を呈していました。

◎二〇〇二年六月には、山口県宇部市で、「男女共同参画基本法」や、「女性差別撤廃条約」（一九八五年六月批准。その第一条で「『女子に対する差別』とは、性に基づく区別、排除又は制限」のことをいうと規定）、あるいはそれを前提とする基本法の理念に逆行する男女共同参画推進条例を制定しました。同条例では「男女が男らしさ女らしさを一方的に否定することなく男女の特性を認め合い」「家庭尊重の精神に基づいた」「専業主婦を否定することとなく」などジェンダー平等とは反対の文言を盛り込み制定されました。バッシング側からは「ジェンダーフリー教育に歯止めを」かけるうえで条例制定のモデルになると高く評価される状況もありました（産経新聞社説「男女共同参

画　均衡とれた宇部市の条例」二〇〇二年七月一三日付）。
◎二〇〇三年五月、国会において山谷えり子議員が「岡山県新見市男女共同参画まちづくり」（〇五年三月制定）について、努力目標（第四条）として「従来女性が担ってきた無償労働に対し、必要に応じて経済評価を与える家庭づくり」という文言を問題視して関係者の参考人招致を要請しました。
◎同様に茨城県水戸市の男女共同参画条例に関しても、山谷議員が参考人招致を要請。
◎二〇〇五年一〇月には、石川県の男女共同参画推進条例の運用に際して「ジェンダーフリーと称する過激な思想運動に利用されてはならない」との請願が県議会で採択されました。
◎宮崎県都城市の条例が、同性愛者・性同一性「障害」者の人権尊重を書き込んだことを産経新聞が問題視し、二〇〇六年九月に条例の「改正」が行われ、性的少数者への配慮を記した条文を削除し、性別役割分業のあり方を強調する文言が挿入されました。
このように各地でジェンダー・バックラッシュの具体的な動きが目立ってくるようになったのです。そうしたなかで、「ジェンダー（フリー）」という用語に対する「言葉狩り」（特定の言葉や用語を不当に使わせないようにすること）ともいえる状況も繰り広げられました（詳しい動向は、和田悠・井上恵美子「1990年代後半～2000年代におけるジェンダーバックラッシュの経過とその意味」『多文化・共生コミュニケーション論叢』第六号、フェリス女学院大学多文化・共生コミュニケーション学会二〇一一年三月、二九～四二ページを参照してください）。

そのような状況の中で性教育バッシングにおいても新たな展開がありました。国会の場にまで持ち込まれることになったのです。本章では山谷えり子議員（当時民主党所属。その後、所属政党を二度変え現在は自民党参議院議員）による国会質問をはじめとする一連のできごとを振り返って、二〇〇〇年代以降の右派政治家の動向と性教育バッシングについて、統一協会との関係を記録しておきたいと思います。あわせて右派のキャンペーンの媒体となった産経新聞、『正論』（産経新聞社発行の月刊誌）などの役割についてもふれます。

1　山谷議員は国会におけるバッシングの火付け役

本章冒頭で述べたような、ジェンダー問題での右派の巻き返しの中で、性教育教材として中学生への配布用に作成された冊子への攻撃、選択的夫婦別姓制度の政府検討案への批判などが右派政治家から行われたのが、二〇〇〇年代以降の特徴です。その皮切りとなった山谷えり子議員の国会質問から見ていきましょう。

二〇〇一年一一月に発行され、都道府県教育委員会などを通じて二〇〇二年四月下旬から中学三年生に無料で配布された性教育パンフレット『思春期のためのラブ&ボディＢＯＯＫ』（厚生労働省所管の財団法人「母子衛生研究会」作成）に関して、二〇〇二年五月二九日、衆議院文部科学委員会で山谷えり子議員（当時は民主党所属の衆議院議員）が次のようにとりあげました。

山谷議員　例えば中絶について、「もしや……と思ったら」「日本では中絶することが許されている。」「妊娠二十二週をすぎると法律で中絶は禁止。産むしかなくなっちゃう。」最後には「『望まない妊娠』は、とにかく避けないといけない」とは書いてあるんですけれども、とにかく、教科書もそうなんですが、セックスが命をはぐくむ営みだという、重く神聖なものという視点が非常に欠けた書き方をしております。

（中略）

さらに問題は、このピルの書き方なんですけれども、『ピル…失敗率一％』『女の子が自分で避妊できるのが最大のメリット。』とか『薬局では売ってなくて、産婦人科でお医者さんと相談してから使うんだ。また、ピルには月経痛をやわらげる、月経の出血量を少なくするなどのはたらきもある。』というふうに、これを読むと、避妊のために産婦人科に行かなくて、月経痛だと言って行けばピルをもらえるよというような、恐らく今の中学生はそういう読み方をするんだと思うんですね。つまり、秘密の入手方法もちゃんと丁寧に指導してくれている。メリットと言いますけれども、メリットしか書かれておらずに、全体としてこれは奨励するような内容になっております。

山谷質問は、政府・厚生労働省が「セックスを奨励し煽っている」「ピルをすすめている」というように社会的に捉えられる可能性があるという論旨で、『思春期のためのラブ&ボディBOOK』の作成と配布を止めるよう求めるものでした。

こうした山谷質問に対して遠山文部科学大臣の答弁は、「中学生にここまでというような気がしないでもございません」と同調的な答弁をしています。しかし、岩田喜美枝政府参考人は、次のように明確に冊子の内容と意義を語っています。

「厚生労働省といたしましては、思春期の性や健康を考えるハンドブックを地方自治体や関係団体が作成されるときに指針になるようにということで、平成十二年度に検討委員会を設けておりまして、その検討委員会の報告書の中で、何をどういう方向で盛り込むべきかということを提言していただいております。

その中で、ポイントは二つあるように思います。

一つは、性行為の結果として妊娠、出産、育児というものがあるということで、こういった妊娠、出産、育児というのは愛情と責任と経済社会的な基盤が要るということで、慎重でなければいけないというメッセージが一つあると思います。

二つ目には、望まない妊娠を避けるためには、そのための具体的な避妊方法も含めて教える必要があるということで、避妊の方法として、コンドームのほか、ピルや女性用コンドームなど、女性が主体的に選択できる方法も解説する必要があるというふうに研究会では言っております。」

この質問直後の六月五日に山谷は、「教材『思春期のためのラブ&ボディBOOK』の配布計画とその後の指導に関する質問主意書」を提出しました。基本的にピルの記述に焦点を当てた、批判的な質問となっています。具体的な質問内容は、次の四点でした。

「一　この教材をこのまま生徒に配布するのか、それともピルの副作用を記述し修正して配布するのか。

二　この教材を使いどのように具体的な指導をしていこうとしているのか。今後の計画はどのようになっているか。

三　保護者、生徒、教師、医師などの連携はどのようにとっていくのか。

四　ピルの使用について特に中・高校生対象についての今後の実態調査とフォローアップ計画はどのようにしていくのか。」

それに対する政府の答弁書の内容は以下の通りです。

一について、「本冊子における経口避妊薬（以下「ピル」という。）に関する記述は、ピルを使用する際には医師への相談が必要であること等を明記していることにかんがみれば、必ずしも誤ってはいないと考えている」と見解を表明しています

二について、「本冊子の使用については、各学校が生徒の実態と教育上の必要性を勘案し、適切に判断すべきものと考えている」と、各学校での判断に委ねる答弁をしています。

三について、「文部科学省及び厚生労働省においては、学校及び家庭における性教育が円滑に行われるよう、各地域で、教員、保護者、保健所等の関係行政機関、医師等が情報交換、資機材の提

供等を通じて密接な連携を図るよう、指導及び助言を行っているところである」と、すでにこうした方針のもとで実行していることを明確にしています。

四について、「思春期におけるピルの使用を含む思春期の性の問題に対する対応の在り方については、この調査研究の結果等も踏まえて更に検討してまいりたい」と答弁。

山谷議員の質問主意書では、「性教育」という用語はまったく使われていませんが、政府答弁書では、四か所で「性教育」という用語が使われています。政府の答弁書は、性教育の用語を使用し、総じて『思春期のためのラブ&ボディBOOK』に関しては肯定的なスタンスを示したものでした。答弁書の内容でみれば、山谷質問の意図と策略は成功したとはいえなかったのです。

しかし、こうした国会でのやりとりを、新聞や週刊誌などが「行き過ぎた性教育」などと記事にし、それによって性教育バッシングキャンペーンが拡大したと、筆者は認識しています。この時、目立ったものだけでも次のような報道がありました。産経新聞二〇〇二年六月二九日付は「『ピル冊子』作成に製薬8社が支援金　中学生向け配布目的に疑念も」、『週刊新潮』同年七月一一日号は、「厚労省版『中学生向けセックス小冊子』は子供に見せられない」、産経新聞同年七月八日付は、この冊子の発行にともなって、作成・発行をした財団法人母子衛生研究会が製薬会社八社から寄付を受けたことをとりあげ「性教育から商業主義排せ」とする高橋史朗・明星大学教授（当時）の主張を紹介。産経新聞は六月二九日付から八月一一日付（「主張」で「ピル冊子絶版を評価する」）の四〇日あまりの間に六回の記事を掲載しました。

その間、六月二七日には、当時の民主党の議員が、「行き過ぎたジェンダーフリーや性教育から子どもたちを守る」ために「健全な教育を考える会」（代表幹事・山谷えり子）を発足させました。民主党国会議員（当時一八三人）のうち約四割、七八人が参加しました。出席者からは「行き過ぎた教育は、いい意味での女らしさや男らしさまでも否定している」などの指摘が相次ぎました。山谷代表幹事は「いい意味での女らしさ、男らしさまで否定するのか。文化や生き方へのテロリズムでは」と訴えました。

そうした会の議論の内容を、産経新聞六月二八日付の社説は、「家族を大切にし、行き過ぎたジェンダーフリー教育や性教育などを改めていこうという民主党の有志議員の集まり『健全な教育を考える会』が発足した。最大野党の中に、このようなバランス感覚をもった文教グループが生まれたことを評価したい」と持ち上げています。そのうえで、「最近、学校教育の現場には、男らしさや女らしさまで否定するジェンダーフリーの思想が『男女平等教育』の名の下に、急速に浸透している。男女とも五十音順に並べて『さん』付けで呼ぶ男女混合名簿や、男女混合の騎馬戦、駈けっこなどである。だが、これらの性差を否定した教育は、男女平等の理念と何の関係もない」とまで述べています。

このようにマスコミが騒ぎ立てたことも大きく影響し、冊子『思春期のためのラブ&ボディBOOK』の配布はストップされてしまいました。質問から約二か月後の二〇〇二年八月には絶版となり、各自治体・学校にあった在庫は回収する措置が取られました。

山谷は二〇〇五年三月四日（この時はすでに自民党に所属）に、参議院予算委員会で東京都の学校で行われていた性教育の内容をとりあげて国会質問をしています。その一部を紹介しますと、たとえば次のような調子です。性教育に使われている教材の写真を示しながらの質問です。

「これはセックス人形と言われているもので、東京都、石原都知事が、教育委員会が調べたものです。八十の小学校からこのセックス人形が出てきました。どういうふうにやるかという性技術をこういう人形を使って教えるわけです。ほかにもいろいろなグッズがあって、教育委員会が展示いたしまして、都知事は、校長の降格を含め、服務規律違反もございましたが、百十六人の教員を処分いたしました」。

スージーとフレッド

山谷は執拗に「セックス人形」「グッズ」「性技術」などという言い方をしていますが、いずれも、教育現場ではそんな呼び方はしていません。「グッズ」(goods) は日本でいう「アダルトグッズ」を連想させるために使ったのでしょう。こうした用語法一つとっても、事実を正確に論じるべき国会の場でラベリング、レッテル貼りによる決めつけを行った低劣な質問です。意図的に「問題」をつくり上げる印象操作をしているといわざるをえません。

山谷議員が国会質問で「セックス人形」と揶揄した人形には、「スージー」と「フレッド」という名前がちゃんとあります。ユーモラスな表情の男女の布製の人形です（写真）。製作者はアメリカのジューン・ハーネストさんで、大学で心理学を学んだ性教育の専門家です。ハーネストさんは、自らが開設したクリエイティブ・プレスクールで就学前の性教育実践に取り組み、人形が教材として最適であることを確信。一九八一年に性教育教材を製作するTEACH A BODIES社を設立しました。ハーネストさんからのメッセージは、次のようなものでした。

「どうぞ人間のからだがつくられてくるすばらしい過程を味わい理解するのに役立ててください。スージィとフレッドは、人間と同じからだの構造を持った人形です。一人ひとりの子どもに何が起こっているかを話し合うより、人形であるスージィとフレッドに何が起こっているかを話し合う方が、大人にとっても子どもにとっても楽に学べるのではないでしょうか」（高柳美知子『『スージィとフレッド』人形賛歌』seikyoken.org/jukunenki/suziefred.htm）。

実際の幼児期と学童期（小学校低学年）の性教育のとりくみのなかでは、人形を見えるように紹介して「この子は男の子かな？　女の子かな？」という問いのなかで子どもたちの話し合いの扉を開きます。実践者は注意深く「人のいるところではパンツは脱がないんだったね。でも今日はみんなの勉強のために見せてもらっていいかな？」と人形に問いかけ、「『いいよ！』と言ってくれています」などと子どもたちに伝えながら、衣服やパンツを脱がせて、「女の子（男の子）でしたね」と性器のちがいを学びます。からだ学習の第一歩を助ける教具です。おとなの人形なので、わき毛や性毛、女性の人形には乳房もあります。胎児が膣口《ちつこう》から生まれることを学ぶこともできるようになっています。性的虐待防止教育でも、「ここをさわられたら、どういうの?」と問いかけ、子どもたちに「ノー!」「やめて!」ということの大切さを伝えることにも活用されています。

人のからだにある器官ができるだけ子どもたちにわかりやすく人形にも付いています。からだや性を学ぶための人形であって、ポルノのように見えるとすれば、そうした視線こそ問い直してみたほうがいいのではないでしょうか。

山谷は同委員会の質問で「もう戦後の教育、ここまで荒廃がすすんでしまって、やはり原点、教育基本法改正を是非していただきたいと思います。国を愛する心、良き公民を育てなければなりません。また、家庭教育、職業教育あるいは宗教的情操心の涵養《かんよう》。そしてまた、教育行政が今めちゃくちゃです」と述べています。山谷質問に一貫して流れている仕掛けは、性教育の内容を〝過激〟〝行き過ぎ〟〝セックスを奨励〟というように事実ではないかたちで喧伝することです。それにより、性教育を抑制することにとどまらず、学校現場のいっそうの管理強化を促し、日本国憲法に基づく教育のあり方を定めた一九四七年教育基本法の「改正」を政府に求めたのです。

この性教育バッシング質問は、「教育行政が今めちゃくちゃ」になっているなどと、ことさら問題を深刻に取り上げることで教育行政を動かそうという狙いがあったといえます。教育の荒廃を指摘するのであれば、その要因とリアルな現状分析、そして具体的な改善策の提起が必要ですが、「愛国心や公共精神が足らない、家庭や職業、宗教心、教育行政、そして性教育や学力に問題がある」かのように印象付けだけをしながら、教育基本法に問題があると決めつける、こうした印象操作に性教育も使われたということを指摘しておきたいと思います。

一九四七年に制定された教育基本法（今日から見れば旧教育基本法）は、前文でこう述べていました。

「われらは、さきに、日本国憲法を確定し、民主的で文化的な国家を建設して、世界の平和と人類の福祉に貢献しようとする決意を示した。この理想の実現は、根本において教育の力にまつべきものである。／われらは、個人の尊厳を重んじ、真理と平和を希求する人間の育成を期するとともに、普遍的にしてしかも個性ゆたかな文化の創造をめざす教育を普及徹底しなければならない」。

憲法と並んで、第二次世界大戦後の日本の礎《いしずえ》となってきたこの法律は、長年、右派の政治家が「改正」をもくろんできたものです。二〇〇六年の第一次安倍政権において、「我が国と郷土」や「道徳心」など復古的な価値につながるものを教育の目標に掲げ、しかも政治の教育への介入も容認される内容へと改悪されました。一九九〇年代末から二〇〇〇年代に急速に進んだこの改悪の動きを主導したのは、一九九三年に初当選した安倍晋三を含む右派の政治家たちでした。その潮流は、後に見るように、性教育に対してもバッシングを展開した勢力と重なっており、教育分野での右派政治家の動きの中で、性教育も攻撃対象となっていった構図です。山谷もその一翼を担った存在でした。

話を戻すと、政治家による性教育バッシングは山谷だけにとどまりませんでした。たとえば、国会の状況は地方にも波及し、性教育バッシングが行われました。その具体例の一つとして、大阪の吹田市が実践と研究を重ねて作成した性教育副読本への攻撃をあげておきましょう。

二〇〇五年三月四日の参院予算委員会で、山谷えり子議員（この時は自民党に所属）が吹田市の性教育副読本を取り上げて、次のように追及しています。

「吹田市の小学校一、二年生用、教育委員会が発行している性教育の副教材でございます。上から四行目、『お父さんは、ペニスを　お母さんの　ワギナにくっつけて　せいしが外に出ないようにしてとどけます。』と書いてございます。市の教育委員会は、ほかの県からもとっても評判だからお渡ししていると言うんですね。小学校一年、これ、私、お母さんから届けられたんです。こんな教科書を子供たちに読ませている。許せない」。

さらに彼女は、神奈川県の公立小学校三年生で使っている副教材（受精のしくみを教えている内容）をパネルで示し、小泉純一郎首相（当時）に答弁を求めました。首相は、「今私も初めて見たんですけれどもね、この図解入りの、これはちょっとひどいですね」と述べ、さらに「性教育は我々の年代では教えてもらったことはないが、知らないうちに自然に一通りのことは覚える。ここまで教える必要があるのか。教育のあり方を考えてほしい」と答えたのです。性教育についての見識のない、印象論レベルの答弁です。

中山成彬文科相（当時）も「子どもたちの発達段階に応じてきちんと教えるべきだ。行き過ぎた性教育は子どものためにも社会のためにもならない」と答弁。全国調査を検討する考えを示しました。また、男女共同参画担当相の細田博之官房長官（当時）は「社会的・文化的性差の解消」を意味するジェンダーフリーという言葉について「政府は使っていないし、社会的に定義を示すことはできない。できるだけ使わないことが望ましい」と述べ、山谷質問に呼応しました。

吹田市の性教育副読本は、科学と人権の視点で、小学校の性教育の導入的な内容をもっており、世界の性教育のスタンダードとなっている包括的性教育に基本的に依拠した内容となっています。性教育の目的と教育方法において何を重視するかによって評価は分かれますが、積極的な内容を持っていました。それは、伝統的な家族像や人間関係における男女の二元論などの固定的な価値観をベースにした山谷らの視点からみれば、過激、行き過ぎ、伝統文化の否定と見えたのでしょう。

小学校低学年における性教育の学習課題としての「受精のしくみ」＝性交をめぐるテーマは、セックスの方法を教えることではなく、自らの成長のルーツを学ぶ課題なのです。子どもはお母さんから生まれますが、お父さんに似ている場合もあります。それは吹田市の副読本が、「お母さんのからだのなかに入ったせいしは、らんしと出会い、ひとつになって、新しいいのちができるのです。みんなのいのちは、お父さんとお母さんからもらったとても大切なものなのです」と書かれているような学びのなかで理解していくことができるのです。発達成長の過程にある子どもの疑問と関心、性的発達の視点で考えることが性教育実践者、教員、子どもと関わる専門職、行政関係者、政治家・議員に求められているのです。

この吹田市の問題はテレビ、雑誌などで取り上げられ、小泉首相の国会答弁も最大限「活用」しながら展開されたという特徴を持っています。性教育の創造的な発展を阻害し、地方の教育行政に悪影響を与えたといえるでしょう。教育委員会による現場管理の強化を促すものでした。学校現場における性教育実践と運営に関して萎縮《いしゅく》効果を生み出し、同時に性教育の授業計画に対して、管理職のチェックが入るなど、現場は窮屈になっていきました。授業計画で使われる性教育用語に管理職が難色を示したりすることもありました。そうした中、もともと性教育という科目がないこともあり、無理をして授業を組まなくてもよいのではないかという空気が現場でつくられてきたという面もあったと思います。

2　右派メディアのキャンペーン

二〇〇〇年代、こうした政治の世界での性教育バッシングと呼応もしながら、一般の人々の間にこの問題を持ち込む中心となってきたのは右派のメディアです。その代表として、産経新聞と産経新聞社発行の月刊誌『正論』などで目立つ記事を拾ってみたいと思います。これらの媒体は、お抱え評論家のごとく高橋史朗、八木秀次、林道義（当時、東京女子大学教授）、松岡弘（当時、大阪教育大学教授）などの大学教授を登場させ、性教育・ジェンダーバッシングの言説を積極的にふりまいてきたという実態があります。すでに第1章で高橋史朗が一九九二年の『週刊文春』で性教育バッシングを行っていたことにふれましたが、同時期に松岡弘も、「〝コンドーム教育を排す〟新・純潔教育のすすめ」（『正論』一九九三年八月号）などという記事でバッシングを始めていました。二〇〇〇年代以降についてはざっと次のようになります。

二〇〇三年七月一五日付の産経新聞、「過激性教育　首相『見直し必要』～ここまでやっていいのか～」という記事を掲載しています。学校での「過激な性教育」が、この前日の衆院決算行政監視委員会で取り上げられ、小泉首相は見直しの必要性に言及していました。この一件に飛びついた記事でした。

翌一六日付の産経新聞、「過激な性教育に文科相憂慮」という見出しで、性器を強調した人形を見せたりコンドームの装着実習を行うといった学校現場での過激な性教育が問題になっているなどとして、遠山敦子文部科学相が前日の会見で「発達段階に応じて適切に教育されるべきで、必要以上に指導するのは適切だと思っていない」と憂慮する見解を示したと報じています。遠山が、「（過激な性教育が）どの程度まで行われているのか気になる」と述べ、各学校や校長、教育委員会などに、必要以上の性教育で保護者の信頼を損ねることがないよう良識ある対応を促したことにもふれています。

月刊誌『正論』二〇〇三年四月号での、高橋史朗執筆のタイトルは「過激な性教育の背景を暴く」ですが、平積みで目に入る表紙には「理想はフリーセックス・同性愛」という見出しが躍っています。高橋は「私は、統一教会《ママ》の純潔教育を支持したことは一度もなく、それとは明確に異なる『第三の性教育』という独自の性教育論を一貫して主張してきた」（二六四ページ）などと述べていますが、その欺瞞《ぎまん》性はすでに前章でふれました。「統一教会《ママ》の純潔教育を支持」すると公然と態度表明する人など、そもそもいないでしょう。問題は、統一協会と足並みを揃えて、同じ立場や方向で論を展開していることであって、その意味では、前章で見たように、高橋は統一協会の「新純潔宣言」の立派な代弁者であったことは疑いようもない事実です。

二〇〇三年七月の七生養護学校事件（第3章で詳述）以降では性教育バッシング記事が集中しています。

『正論』同年九月号では、土屋敬之、古賀俊昭（七生養護学校に「視察」と称して暴力的に介入した三都議のうちの二人）「ここまできた性教育!! 〝アダルトグッズ〟が乱舞する教室」。

同一一月号では、林義道と高橋史朗の対談「良識の包囲網にボロを出し始めたジェンダーフリー論者たち」、一二月号では野牧雅子（当時、公立中学校教諭）「過激性教育の〝伝道者〟たちよ、そんなに批判が怖いのか！」。

同二〇〇四年七月号では、シンポジウム「脳科学が証明した家庭教育と父性・母性の重要性」で、山谷えり子が次のように述べています。「過激な性教育も各地で問題になっています。小学校低学年で、『お父さんとお母さんの性の営みは』と生々しいイラストを使って教えたり、『今日の授業はお父さんとお母さんの大切な秘密なのでおうちに帰ってしゃべらないこと』と言いながらセックスに関するプリントを渡したりと、子供の年齢や発達状況を無視して性の問題を安易に即物的に教えているんですね」（二五七ページ）。「東京都で調べてもらいましたら、性交人形など、『ここは学校ですか、アダルトショップですか？』と聞きたくなるくらいとんでもないものがいろいろと出てきました」（同）。

ありもしない「過激な性教育」を実在するかのように述べています。性教育の必要性やその中身に関する知見などまったくないまま、人々を分断する政治の道具として利用することばかり考えているかのようです。

この七月号にはほかに、高橋史朗「走り出した教育基本法改正と歪んだ抵抗勢力」、新田均（当時、皇學館大学教授）「子供たちに過激な性情報を注ぎ込んでいるのは誰か」なども収録されています。

同〇四年九月号には、林道義「フェミ・ファシズムの無法をあばく」、増谷満（フェミニズムウォッチ掲示板管理人）「ネット言論に見るフェミニストの横暴」など。

〇五年二月号、八木秀次「嘘から始まったジェンダーフリー」。

同年三月号、西尾幹二「歴史と民族への責任(1)――男女共同参画と『従軍慰安婦』に通底する病」、野牧雅子と『正論』編集部による「日教組のジェンダーフリー隠しと現場の暴走」、長谷川三千子「ホントは怖いフェミコード」。

同年七月号、野牧雅子「〝性教育の伝道者〟のＴＶデタラメ発言に反論する」。

同年一〇月号、山谷えり子と中條高徳の対談「男女共同参画の欺瞞と驚愕《きょうがく》の性教育」。この中で山谷はまたもや次のように述べています。「子供たちが『うちは週何回してるの？』とまず自分のお父さん、お母さんに尋ね、さらには学区内のお宅を訪ねて、『授業の一環なのでご協力をお願いします』『おじさん、おばさんは週何回？』『どんなふうにしてるの？』と質問して回った。性教育の事前学習だそうです。もう言葉を失いますよね」。

二〇〇五年一一月号、桜井裕子「セックス・アニマル育てる性器・性交教育の実態」。

これらの報道を見ていて、特徴的なのは、産経新聞も『正論』も、あるいは『週刊文春』なども そうですが、こうしたバッシングに対する批判や反論などはまったく取材も執筆依頼もしないということです。媒体の発行者や編集者にはさまざまな意見があっても、特定の立場の主張や論考ばかりを掲載するのは、メディアという「社会の公器」の役割を投げ捨て、特定の偏った意見のプロパガンダ機関に堕するものといわなければなりません。

また、ここに引用した見出しや記事内容が、「アダルトグッズ」だの「（親の）性の営み」だのといった、即物的な性行動を連想させるような言葉に満ちていることに留意すべきです。それらの記事のどこを見ても、学校の授業においてそのような内容が教育されていたことを示す具体例は挙げられていません。万が一、そんなことがあれば、学校でも地域でも当然問題になりますが、そのような事実は見いだし得ないのです。いずれも、仄聞《そくぶん》や伝聞によるものであり、授業内容に対して論評した人物の主観を交じえた内容にすぎません。意図的にフェイク情報を流しているのではないかと思われる場合もあります。

ざっとこのように並べてみると、そうした虚構の上に、〝ウソも百遍いえば〟式のキャンペーンを意図しているようにさえ見えてきます。産経新聞、『正論』で続けられてきたこの種の報道は、ここにあげただけでもかなりありますが、すべてではありません。これらは政治や文科省の政策に大きな影響を与えたというよりも、右派の政治家（そういう勢力が政権を握っていた時期も長いわけですが）が、その思うように右派ジャーナリズムを活用し、自らの主張と政策を宣伝するために利用してきたというのが実態です。国会での質問と答弁をマスコミが拡散することによって〝問題化〟する――このような構図によって、清和会（安倍派）の影響が大きい文科省ルートで全国の教育委員会から学校現場に「指導」をしてきたといえます。

それは性教育やジェンダーなど、社会生活の様々な場面で一人ひとりに関わってくる問題について、ことさらに対立を持ち込み、本来なら必要であった市民同士の話し合いの中で合意を形成していく作業を阻害するキャンペーンでもありました。性教育やジェンダー論が、そうした分断政策のために利用されてきたといえます。

国政・地方政治の場におけるものと、産経新聞や『正論』など右派メディアによるものは、あたかも性教育バッシング、ジェンダーバッシングの「波状攻撃」のように続けられました。そうした政治的な策動の結節点が、二〇〇五年五月二六日に開かれた「過激な性教育・ジェンダーフリー教育を考えるシンポジウム」の開催であったといえます。六三分のその内容は、現在も YouTube で見ることができます。

このシンポジウムは自民党本部で開かれ、自民党所属国会議員、地方議員や一般参加者など約五〇〇人が集まりました。パネリストは、「過激な性教育・ジェンダーフリー教育に関する実態調査プロジェクトチーム」座長を務める安倍晋三幹事長代理（当時）、同事務局長の山谷えり子参院議員、高崎経済大学助教授（当時）の八木秀次、東京都議会議員の古賀俊昭、元東京都立学校経営アドバイザーの鷲野一之の五人です。

安倍座長は、「男女共同参画社会で女性がのびのびと能力を発揮することは大切だが、結婚や家族の価値を認めないジェンダーフリーは文化の破壊につながる」と強調し、家族の価値観を守る自民党のスタンスと政策を明確に打ち出しています。パネリストからは、「男女共同参画基本法の精神は大切だが、それを拡大解釈して特殊な思想が教育現場に持ち込まれている」などという発言が相次ぎました。また、実際に学校の性教育で活用された人形や副読本などの展示会も一緒に開かれました。このシンポジウムも産経新聞などが取り上げ、バッシングによる包囲網をつくろうとしました。

しかし、実際には次章で見る「こころとからだの学習」裁判のたたかいによって、そうした目論見は結果的に実現しませんでした。端的にいえば、安倍や山谷らをはじめとする「過激な性教育」攻撃を、具体的な教育現場（七生養護学校）に対して実行した政治家や東京都が、外部による「不当な支配」として司法に断罪されたのです。

ところで、筆者が前述のシンポジウムに注目するのは、それがまさに、右派の政治家、研究者、メディアの合作による性教育バッシングの場であり、この時期の性教育をめぐる「包囲網」の様相を呈していたからです。同時に、パネリストであった政治家のうち二人、安倍晋三と山谷えり子という存在が気になるからでもあります。山谷は第一次安倍内閣で首相補佐官、第二次安倍内閣でも入閣（国家公安委員長ほか）するなど、安倍との関係は深い人物ですが、同時にこの二人には、ある奇妙な点が共通しています。節をあらためてその件について述べておきましょう。

3　統一協会の政界工作のキーパーソン、安倍晋三元首相

安倍晋三元首相と山谷えり子参議院議員に共通するある奇妙な点とは何でしょうか。件《くだん》のシンポジウムから一七年後の二〇二二年夏、参議院選挙の最中に安倍が銃撃され死亡するという不幸な事件が起こりました。知られているように、これは、母親が統一協会に入信し、多大な被害を受けたことを恨んだ犯人が、統一協会と関係の深い安倍を銃撃したできごとであり、以来、自民党などの政治家と統一協会の「持ちつ持たれつ」の関係、世にいう「ズブズブの関係」が国民的な批判の的

となっています。

国民の批判におされ、自民党は、所属国会議員と統一協会との関係をめぐる「点検」を行いましたが、その結果、統一協会と関係のある議員として山谷の名前は出てきませんでした。そして安倍については、党として調査もしない措置をとっています。二〇〇五年のシンポジウムで性教育バッシングを繰り広げた安倍と山谷の二人とも、統一協会との関係が「ない」ことになっているというのが、非常に奇妙なことに、この二人に共通する点となっています。

山谷に関しては、統一協会と関係が深いのは周知の事実です。最近も例えば次のようなことが暴露されました。二〇二二年八月二日、前参議院議員の有田芳生《よしふ》がツイッターで統一協会の内部文書を紹介しました。「来る7月の参議院選挙でございますが、勝共本部青津和代本部長より資料等届いているかと思いますが、山谷えり子先生の必勝のためご尽力宜しくお願いいたします」。有田は、この内部文書を二〇一〇年に入手したものとして添付し、「この文書で重要なのは、統一教会《ママ》が安倍晋三、山谷えり子議員をとくに重視」している点だと述べました。

その翌日、山谷は新聞取材に対して、統一協会と「私は関係ありません」と答えています。それに対して、同日、有田は自身のツイッターに「どうしてこんなに明々白々のウソが言えるんだろうか。山谷えり子さんは統一教会《ママ》の重点候補でした。長い長い付き合いがあることは、多くの信者たちが証言しています」と投稿。翌四日には、山谷は自民党本部で記者団に対して「選挙応援はいただいていない」と否定したうえで、有田の投稿に関しては「よくわからない」と述べています（N

HKニュース、二〇二二年八月五日閲覧)。

仮に百歩譲って「選挙応援」は受けていないにしても、彼女は統一協会のフロント組織に最も活用されてきた人物の一人です。事実上、国際勝共連合の機関紙的な機能を担っている「世界日報」やそのダイジェスト版である『月刊Ｖｉｅｗｐｏｉｎｔ』に幾度となく登場してきました。

自民党が、二〇二二年九月八日に公表した同党議員の点検結果(追加報告を含む)でも、自民党の国会議員三七九人のうち約一八〇人に統一協会と接点があったことが判明(うち氏名を公表した議員は一二五人)しています。この「点検」は非常に不徹底なものですが、「関連団体の会合であいさつ」一〇二、「会合への祝電」九九、「統一協会や関連団体への会費などによる支出」四九、「寄付やパーティ券などによる収入」二九、「広報紙でのインタビューなど」二四、「選挙のボランティア支援」一七、「統一協会主催の会合への出席」一三などとなっています(しんぶん赤旗二〇二二年一二月一四日付)。

「広報紙でのインタビューなど」の「広報紙」に世界日報や『Ｖｉｅｗｐｏｉｎｔ』が含まれていたかどうかわかりませんが、客観的に見ればこれに該当していますし、「選挙のボランティア支援」を受けたことも該当しています。

隠しようがない事実があるにもかかわらず、統一協会およびフロント組織と深く関係していたことを否定しなくてはならない特別な事情が、山谷そして自民党にはあると見るのが自然でしょう。

そして、自民党は安倍元首相についても、「点検」は行っていません。これも非常に不自然なことで、何より、銃撃事件の犯人が、安倍と統一協会の関係が深いという認識を持って犯行に及んだくらい、両者の関係は天下周知の事実だったにもかかわらず、なぜ自民党はその関係を解明しようとしないのかという疑問が残ります。

インターネット・メディアの「やや日刊カルト新聞」の「速報‼安倍晋三前内閣総理大臣が統一教会系大規模イベントで演説、韓鶴子《ハンハクチャ》に敬意を表す」(daylycultblogspot.com/2021/09/blog-post.html)で、二〇二一年九月一二日、韓国の教団施設から全世界に配信された旧統一協会(世界平和統一家庭連合)のフロント組織「天宙平和連合」(UPF:Universal Peace Federation)の大規模集会に安倍晋三元内閣総理大臣がリモートで登壇し、統一協会の現総裁・韓鶴子に、敬意を表する基調演説を行ったことが明らかにされました。統一協会との関係について、これまで多くの深いかかわりが取り沙汰されてきた安倍元首相ですが、公の場で統一協会との関係がこれほど明確になったのははじめてです。

安倍晋三の基調演説の内容を抜粋・紹介します。司会は教団組織の実権を握る尹鍈鎬《ユンヨンホ》世界宣教本部長。教団と深い関係にあった岸信介元首相や安倍晋太郎元外相についても言及した尹本部長から、「韓鶴子総裁とTHINK　TANK2022の主旨に積極的に支持してくださり本日の基調演説を担当してくださいました安倍晋三総理を大きな拍手でお迎えください」と紹介を受けており、安倍晋三がリモート登壇し、五分間の演説をしたのです。

「ご出席の皆さま、日本国、前内閣総理大臣の安倍晋三です。UPFの主催の下、より良い世界実現のための対話と諸問題の平和的解決のためにおよそ１５０か国の国家首脳、国会議員、宗教指導者が集う希望前進大会で世界平和を共に牽引してきた盟友のトランプ大統領とともに演説の機会をいただいたことを光栄に思います。ここにこのたび出帆したシンクタンク２０２２の果たす役割は大きなものがあると期待しております。今日に至るまでＵＰＦとともに世界各地の紛争の解決、とりわけ朝鮮半島の平和的統一に向けて努力されてきた韓鶴子総裁を始め皆様に敬意を表します。

（中略）

ＵＰＦの平和ビジョンにおいて家庭の価値を強調する点を高く評価します。世界人権宣言にあるように家庭は世界の自然且つ基礎的集団単位としての普遍的価値を持っています。偏った価値観を社会革命運動として展開する動きに警戒しましょう。

（中略）

とてつもない情熱を持った人たちによるリーダーシップが必要です。この希望前進大会が大きな力を与えてくれると確信いたします。ありがとうございました」（傍線は引用者）。

安倍やトランプ前大統領のビデオメッセージの後に、教団の最高権力者・韓鶴子の特別主賓講演が行われています。韓鶴子は文鮮明と共同でＵＰＦを設立した「真のお母様」として、リモートではなく、実際に登壇しています。この中で彼女は、「政治家」は「天の父母様に侍《はべ》る」存在だとの前提で講演しています。「侍る」とは「身分の高い人のそばに付き従っている」という意味です。

統一協会は一貫して政治家や議員、研究者などを自らに「侍る」立場に位置づけてきたのです。政権政党の自民党の中枢である安倍元首相が、統一協会直系の団体で講演し、韓鶴子に敬意を表したことは、自民党全体が統一協会にまったく批判的な姿勢を欠き、ズブズブの関係を継続してきたことを証明しています。同時に、膨大な講演料がUPFから支払われたこともいうまでもありません。その講演料の多くは、日本の統一協会が信者からの〝献金〟によって担われてきたお金です。大物政治家が統一協会系団体でイベントへの出席や、講演をした際の講演料について、アメリカ統一協会の元幹部アレン・ウッドは、TBSテレビ「報道特集」(二〇二二年七月三〇日)で、多額の報酬が支払われていたと証言しています。

「ブッシュが大統領の任期を終えて、韓国に講演に行ったときは一回のスピーチにつき一〇〇万ドル(約一億三〇〇〇万円)を支払いました。レーガンにも一回一〇〇万ドル支払いました。これは凄いことです。なぜならこの金は洗脳されて奴隷となった若者たちから巻き上げたものだったからです」。加えて「(文鮮明は)イデオロギーで心を摑《つか》めなければ金で買収するんだと言っていました」とあからさまに語りました。まさに統一協会がこれまで政治家や研究者を懐柔してきた経験を証言していたといえます。(「我々は世界を支配できると思った」米・統一教会の元幹部が語った〝選挙協力〟と〝高額報酬〟の実態【報道特集】TBS NEWS DIG newsdig.tbs.co.jp/articles/-/110091?page=3))

こうした統一協会のやり方を考えれば、大物政治家とみられていた安倍元首相に相当な金額が講演料として用意され、手渡されたことは想像に難くないといえます。こういう関係が強固に継続されている状況では、統一協会の反社会的な現実に、政府・自民党がメスを入れることができなかったことは当然でもありました。

自民党がこうした安倍元首相の統一協会との関係を調査もしないということは、安倍のこの演説そのものが示した、両者のズブズブの関係を、今日も続けていこうとしていることの証左というほかありません。安倍自身がすでに亡くなっていて、自己申告で党の「点検」に答えられないという事情はあるにしても、両者の関係の重大性に真摯《しんし》に向き合っているならば、いくらでも調査のしようはあるはずです。それをしない同党の態度は、統一協会との関係を真摯に反省し清算しようという気がないといわれてもしかたないでしょう。

統一協会と自民党の癒着《ゆちゃく》関係、統一協会と右派の政治家が、性教育・ジェンダーバッシングを組織してきた問題を解明するうえでも、安倍元首相と山谷議員はまさにキーパーソンであり、二人が統一協会とどのような関係性にあったかの調査は、自民党政治の統一協会汚染の実態を解明するうえでも不可欠の課題となっています。安倍と統一協会との関係を隠すうえでも、安倍元首相と山谷議員との連携した策動の実態が露わになることを自民党は避けたといわざるをえません。この両者がどのように連携して統一協会と自民党の癒着関係をつくってきたかは引き続き解明が待たれます。

第二次世界大戦におけるA級戦犯容疑者とされた岸信介（安倍晋三の祖父）と文鮮明が〝反共〟

という点で利用し合い、右翼の笹川良一、児玉誉士夫《よしお》などを発起人とし、一九六八年に反共団体である国際勝共連合を日本に設立してから半世紀以上がたちました。自民党と統一協会の癒着構造の解明がなされることなくして、日本政治の再生はないといわざるをえません。政権政党が責任をもって調査と解明をしなければならない課題となっています。

なお、安倍がＵＰＦでビデオ演説したことは、一部の報道機関以外、ニュースとして報じることもなく、メディアは基本的に沈黙していました。統一協会と政治（とくに政権政党）との癒着にメスを入れるうえで、メディアのあり方にも真剣な反省が必要だといえます。

4　性教育・ジェンダーバッシングの論理の「罠」

ここまで、二〇〇〇年代を中心に、性教育を右派の政治家、研究者、メディアが攻撃してきた経緯を見てきました。最後にこうしたバッシングの論理の「罠《わな》」と手法の特徴を考えてみましょう。

論理とは、思考や議論をすすめていくうえでの筋道です。論理は、本来的には複雑な事柄を整理し理解しやすくするための方法といえますが、何らかの狙いや目的に即してカッコ付きの「論理」が組み立てられることも少なくありません。性教育・ジェンダーバッシングの場合、特定の団体の考え方と狙いがいびつな「論理」をつくっているといえます。その点をここでは整理しておくことにします。

もともと性教育・ジェンダーバッシングは、子どもたちの発達課題や教育実践に関心があるのではなく、〝問題〟を作り上げることで、教育現場を支配・強制管理する口実をつくるという狙いを持っていたように見えます。いかにも深刻な問題があるかのように描くことで、学校教育への介入の理由をつくりあげていることがあげられます。

埼玉県の教育委員に選任（二〇〇四年一二月〜〇七年一二月）された高橋史朗は、次のように述べたことがあります。「『男女共同参画』『性的自立・自己決定権』の名の下に社会解体を目指す新たな教育革命運動を断固阻止しなければならない」（同「『理想はフリーセックス・同性愛！』過激な性教育の背景を暴く」〈『正論』二〇〇三年四月号〉）。

研究者であれば「社会解体」とはいかなる現実をいうのか、「教育革命運動」とは何を指しているか、どのような形態の運動であるのかを明示すべきではないでしょうか。これまで繰り返し筆者が指摘してきたことですが、「性教育」で「社会解体」も「革命」もできはしません。革命とは、支配されてきた人々が、国家権力を奪い、政治・経済構造を変革することです。一方、性教育は、人間の性（セクシュアリティ）を科学と人権の視点で捉え、性的行動において自立と共生を育むことをめざした教育実践です。それは、ジェンダー平等の実現、性的自己決定能力の形成、暴力のない平和な人間関係をめざすものでもあります。性教育で形成された力は、誰もが平等に生きることのできる社会をめざし、最大の暴力である戦争に反対し、一人ひとりが大切にされる社会を希求する人間形成につながるでしょう。それは〝社会の平和的な統合〟をめざし、すべての人たちの人権が尊重される社会をめざす人間像の追究であるといえます。これは端的にいって日本国憲法のめざすような社会の担い手づくりでもあります。自国の憲法に沿った人間像の育成が、なぜ「社会解体」「革命」になるのでしょうか。

これは、バッシングする者の狙いが特異なイデオロギーに依拠しているため、いびつな「論理」展開になっているいい見本です。以下、バッシングのいびつな手法の具体的内容と論理の「罠」を見ていくことにしましょう。

バッシングのいびつな論理の「罠」

バッシングの論理の「罠」の第一は、性教育の授業・実践目標と具体的な実践プロセスの一面を恣意的に切り取って（写真、人形、文章、用語など）、勝手なラベリングをする、事実を捻じ曲げる印象操作です。西尾幹二、八木秀次『新・国民の油断』（ＰＨＰ研究所、二〇〇五年）の冒頭には、産経新聞二〇〇三年七月五日付の紙面が掲げられています。それはすでに見たように各国で高く評価されてきた教具としての人形「スージーとフレッド」を「セックス人形」「性交人形」などと呼ぶものでした。性教育の現場とはかけ離れた内容を、あたかも事実であるかのように描き出す手法です。

第二に、子どもたちの状況や教育現場のできごとを、性教育・ジェンダー教育の方針とその結果であるかのように結びつける論理の「罠」です。産経新聞は二〇〇三年九月三日付、同一〇月三日付の記事で、ある市の小学校の校外宿泊学習の際に男女の児童を同室に宿泊させていた事例をあげて、「ジェンダーフリー教育（中略）が無自覚のまま浸透していく学校が浮かび上がる」と書いています。この報道は事実確認もできていないものでした。

またその記事を紹介する形で、八木秀次は、「『ジェンダーフリー』とは、男女の性差を無視して無差別に扱うという奇妙なイデオロギー。それに無自覚なまま染まっている教育界の現状を象徴する事件だといえよう」（八木秀次『国民の思想』産経新聞ニュースサービス、二〇〇五年、九八～九九ページ）と述べています。小学生になれば男女が同室で寝たり、着替えをしたりすることは、プライバシーへの配慮を欠いた「指導」であることは自明のことです。もし同室での着替えが実際にあるとすれば、それは両性平等の教育方針とはまったく無縁のことで正されるべきことです。同時に、男女別に着替えができる部屋もない学校もありますので、教育設備の貧困の問題としても正されるべき場合があるかもしれません。そういった視点もなく、あやふやな報道を根拠にジェンダーフリーの理念を攻撃する言説でした。

バッシングの論理の「罠」の第三として、攻撃の相手・対象＝〝敵〟として醜悪に描く「論理」があげられます。たとえば、性教育の研究運動に対しても「中核派シンパといわれる人たちの政治的なイデオロギー運動」（八木秀次『週刊新潮』二〇〇三年一月三〇日号）、「異常な信念を持って異常な指導をする先生」（石原元都知事、同年七月二日付の都議会での発言）、「左翼崩れ」（フジテレビ「報道2001」〇五年四月三日での石原及び八木発言）、「この種の変態的で過激な性教育の背景には『科学的性教育』を提唱する『〝人間と性〟研究教育協議会（略称：性教協）』なる教育団体の存在がある」（八木、前掲書、一四三ページ）などと、低劣なラベリングが行われてきました（ちなみに筆者も参加する研究団体名は、「〝人間と性〟教育研究協議会」です）。

第四として、第三の特徴とも関わって、バッシングの根底にある目的がきわめて政治的でイデオロギー的なものとなっていることがあげられます。たとえば「性教育の背後に共産主義」（前掲『新・国民の油断』、一五二ページ）が存在するという主張などにはあきれるばかりですが、何の事実も説明もなく性教育を政治・イデオロギー問題と強引に結びつけるこじつけでしかありません。こうした攻撃の方法は、統一協会のフロント団体である国際勝共連合などの論法ときわめて類似しています。

第五に、自らの性教育、ジェンダー平等教育に関する具体的方針が乏しく、対案を明示できないことです。これはバッシング側の最大の弱点でもあります。一般に、批判的論理を展開する場合には、共有できる論理も示しながら、相手の議論のどの論点がどのような理由で違いがあるのかを示すことが大事です。それでこそ議論の発展の余地も生まれるのですが、バッシングの「論理」は一方的な攻撃に終始し、対案を提示することができないでいます。性教育バッシングが依拠する「理論」は、①科学的な性教育論はなく、「結婚までは禁欲のみ」教育に収斂され、②男女の二分法に基づく性差の強調と「男らしさ」「女らしさ」の教え込み教育をおしすすめ、③子ども・青年の性的自己決定能力の形成に否定的であり、④家族の多様性を認めようとせず、固定的な性別役割分業を基本にした家族像がめざされている点で共通しています。

こうした性教育政策は伝統的な純潔教育そのものといえます。ちなみに、二〇〇五年五月一日に放映されたフジテレビ「報道２００１」で、八木秀次、山谷えり子と、性教協代表幹事である筆者、同・村瀬幸浩、性教協九州ブロック幹事・入江彰信で、テレビ討論が企画されたことがあります。討論の最後に、八木に自著で書いている「『男らしさ』っていうのは何なのですか?」と質問したところ、しどろもどろで答えられませんでした。番組のやり取りを正確に文字おこししている「反性教育の動向⑶　報道２００１：「つくる会」八木秀次氏が立ち往生⑴（kitano.hatenadiary.org/entry/20050525/p1）などを読んでいただければ、討論の論点もわかると思います。

これらのバッシングの論理の「罠」は、以前にこのようなやり方で攻撃が行われたという過去のできごとではなく、現在までバッシングの手法として引き継がれているということです。たとえば、ＬＧＢＴＱ＋の当事者の権利保障をめざす運動に対して、統一協会とそのフロント団体などが「文化共産主義」などと攻撃しています。国際勝共連合のホームページ「迫りくる共産主義の脅威」（ifvoc.org/threat/）では、「脅威」として「文化共産主義」をあげており、ジェンダーフリーと同性婚を支持する主張を敵視しています。

これらが、筆者なりに分析したバッシングの論理の五類型です。一見、根拠のあるように見える

「論理」には、こうしたしかけがあり、意識的に分析しないと、それが正しいものであるかのように信じてしまう危険がありますし、しかもそれによって、性教育に関する自由な議論を否定する側に立ってしまいかねない危険もあります。注意が必要です。

憲法、子どもの権利条約、女性差別撤廃条約、男女共同参画社会基本法、包括的性教育の骨格となっているユネスコ編「改訂版　国際セクシュアリティ教育ガイダンス」などの制度的到達点にも、性教育バッシング派は攻撃を加えています。今後に必要な制度としての「選択的夫婦別姓」、「同性婚」、性の多様性や家族の多様性などに否定的であることも、バッシング側の共通した特徴です。結局のところ、旧態依然とした伝統的家族制度の復活をめざし、多様性と人権の視点を否定し、個人の尊厳よりも国家の強さに依拠した国のあり方――日本でいえば戦前の大日本帝国憲法の時代のような――を求めているのです。

このように性教育・ジェンダーバッシングはきわめて政治的な目論見をもって行われてきました。その手法がフェイク情報を大量に振りまくことであっても、メディアによって流布されることで行政や社会に影響を与えてきた事実があります。そこに統一協会が絡んでいることが明らかになったことからも、政治家と統一協会の関係性の解明と清算は国民的な課題であるということを強調しておきたいと思います。

第3章　七生養護学校事件と「こころとからだの学習」裁判

――〝あってはならないこと〟を許さずたたかい抜いた一〇年の歩み

性教育へ誤解・偏見・歪曲

第2章でみたように、国会における右派政治家による性教育バッシングは、地方にも波及していきましたが、そのもっとも象徴的なできごとが東京都日野市にある都立七生《なな お》養護学校（現在の都立七生特別支援学校）で二〇〇三年に起きた事件（以下、七生事件）でした。それまでのバッシングは、統一協会系を含む団体や、新聞・雑誌などのマスコミによる、あえていえば取りあげる「問題」の事実確認ができないことが多い攻撃であったのですが、七生事件は三人の都議会議員と東京都教育委員会（以下、都教委＊）が先頭に立って、産経新聞社の記者をともない、教育の現場に土足で足を踏み入れ、教員を罵倒し、性教育用の人形や教材・教具を、法的根拠を示すこともなく勝手に持ち去った事件です。

＊「都教委」は、一般に、東京都教育委員会全体のことを指す略語として使われますが、七生養護学校事件において介入・強制的な干渉をした中心的な部署は、東京都知事の任命する教育委員六名を代表する教育長（教育委員会の会議を主宰し同委員会の権限に属する全ての事務をつかさどるとともに、事務局の事務を統括し、所属の職員を指揮監督する）と、指導部（教育内容・方法の指導助言）であったことを書き添えておきます。

東京都教育委員会の職員の多くの方々が、七生養護学校における都教委の行為に心を痛めていたことを知っています。事件によって苦しみ悩んでおられました。教育行政の本来果たすべき役割に立ち返って、真のその機能を蘇《よみがえ》らせ、教室にさわやかな風が吹き込むようにしてほしいと心から願います。本章では、そんな願いも込めて、あらためて「七生養護学校事件」について整理をしてみたいと思います。

1　七生養護学校事件とは

「こころとからだの学習」が生まれた背景

東京都日野市にある七生養護学校の生徒の約半数は、隣接する福祉型障害児入所施設である七生福祉園（以下「福祉園」）から通っています。福祉園から通う子どもたちのなかには、保護者から離されてきた子どもや、親から虐待を受けてきた子どももいました。いじめを受けていた子どもも少なくありません。七生養護学校に通う子どもたちのなかには、大人や職員、教員に対して不信感を抱え、パニックを起こしたり、怒りを爆発させたりする子どももいました。あるいは自傷行為を行う子どもたちもいました。

教員たちは、この生徒たちに何が必要であるのかを考え、議論をしてきました。その一つの結論として、子どもたちの自己肯定感（自分を知り、自分を好きになること）を育み、また、知的障がいによる、他者との信頼関係の形成における困難をのりこえることであることに気づきました。

性をめぐるさまざまな性的発達にともなう課題――月経や精通、からだの学習、人間関係の学びなど――について、子どもの現実に即した学習計画を立てるよう努力してきました。からだの変化が起こることにともなって、パニックを起こす子どもたちもいるなかで、親など家族はそれらをどのように伝えることができるか、模索し困惑している現実もありました。そういう点でも学校での教育、とくに性教育に期待する保護者の声は強かったといえます。七生養護学校での「こころとからだの学習」は、こうした子どもたちや親たちの切実な現実、要望や願いを背景に生まれた実践であったのです。

子どもの性的行動から「こころとからだの学習」へ

小学部高学年になると、性への興味・関心は自然と大きくなり、インターネットや雑誌などでマスコミ情報が入ってきます。そうした状況のなかで、生徒同士で性的行動をすることも起こります。一九九七年、七生養護学校では、重いダウン症の女子が妊娠するというできごとがあり、妊娠のしくみも知らないまま中絶せざるをえませんでした。このできごとをきっかけに、教員たちは、性教育の必要性を痛感し、学校ぐるみでとりくむことに挑戦したのです。七生養護学校の教員は、子どもたちの愛着形成からやり直すこと（育て直し）を考えました。「こころとからだの学習」は、保健室をセンターとして教材や情報を交換し、学校の正式な分掌と位置付けられた「性教育検討委員会」が核となって話し合いを重ね、小学部から高等部まで一貫した学習を試みました。

たとえば、出産をテーマとした学習では、妊娠した女性教員のお腹を触ったり、赤ちゃん人形を抱いたり、羊水をイメージした「快」の体験をしたり、「歓迎された出産」を疑似体験する子宮体験袋などの授業を計画しました。また、からだを知るために、「ペニスタイツ」や「箱ペニス」を用いて勃起や射精を学ぶようにしました。さらに他者との関係づくりのための学習として「結婚式ごっこ」が行われたり、生徒に人気のあるドラマのビデオを教材にしたりもしました。こうした授業の導入として、性器も含めからだの各部位を織り込んだ「からだうた」が歌われました。

「からだうた」の歌詞は、以下の通りです。

「あたま、あたま、あたまのしたには首があって肩がある。

肩から腕、ひじ、また腕、手首があって手があるよ（右と左をくり返す）

胸のおっぱい、おなかにおへそ、おなかのしたがワギナ（ペニス）だよ。

背中は見えない、背中は広い、腰があって、お尻だよ。

ふともも、ひざ、すね、足首、かかと、足のうら、つまさき、おしまい。」

優しいリズムで、子どもたちと教員で一緒に歌うことで、自分のからだの各部位の名称を子どもたちが理解する基礎がつくられていきました。

「こころとからだの学習」は、教員たちが子どもの現状を日々見ていくなかで創り上げた教育実践です。この実践は注目を集め、他の養護学校からの研修も受け入れていました。都教委ですら、七生養護学校への介入直前まで高く評価していた性教育の実践でした。

二〇〇三年二月一四日の都議会本会議で、自民党の古賀俊昭都議は、ジェンダー・フリーについて、「日本人の人格自体を破壊し、日本や家庭という共同体を敵視した新たな革命運動」「この新しい革命運動のもう一つの顔が、今日、全国各地で問題となっている、常軌を逸した、異常な、露骨な学校での性教育」などと発言しています。

古賀らはその発言を産経新聞に知らせ、同紙は、七月三日付の朝刊で古賀氏の質問の様子を「不適切な性教育、都内全校で実態調査」と詳しく報道。七月四日の「視察」にも同行して記事にしました。それについては節を改めて述べましょう。

2　七生養護学校事件の用意周到な準備

二〇〇三年七月二日の都議会において土屋敬之都議（当時は民主党に所属）が、七生養護学校の授業内容を、「世間の常識とかけ離れた教育だ」と攻撃し、都教委に「毅然とした対処」を要求する質問を行いました。その二日後の四日、土屋と古賀、そして田代博嗣都議（自民党）の三人が、都教委職員とともに同校の「視察」と称し学校を訪れ、教職員を恫喝《どうかつ》するとともに教材・資料を持ち帰るという暴挙を起こしました。
七月二日の都議会（第二回定例会）でのやりとりは次のようなものでした。土屋議員が一般質問で、七生養護学校の授業内容を「最近の性教育は、口に出す、文字に書くことがはばかられるほど、内容が先鋭化し、世間の常識とはかけ離れたもの」だと糾弾、「行き過ぎた性教育」「過激な性教育」と発言しました。そのうえで「過激な性教育があるかについて、実態調査をしたのでしょうか」と知事に認識を問いました。
石原慎太郎都知事（当時）は、「そういう異常な何か信念を持って、異常な指導をする先生というのは、どこかで大きな勘違いをしている」と答弁。横山洋吉教育長*は、「からだうた」について「歌の内容は、とても人前で読むことがはばかられるものでございまして（中略）極めて不適切な教材でございます」と答弁しました。加えて、「ご指摘の事例のような不適切な教材、教具を使用した」事例を指導してきたと答えました。

*横山教育長は、二〇〇三年一〇月二三日の「10・23通達」を出した人物でもあります。この通達は、入学式・卒業式などの学校行事に際して、現場の教職員が率先して「君が代」斉唱を行うことを指示し、違反した者には戒告などの処分が下されるとした内容でした。横山は、七生養護学校の事件も含め、学校現場の管理を強化するゼロトレランス（不寛容）政策の推進者で、その点を「評価」されたのか都副知事にも任命されました。

「からだうた」は、すでに述べたような適切な教育実践であり、他校を含む養護学校関係者から高く評価されていたものです。教育長でありながら、理由を示すこともできないまま「人前で読むことがはばかられる」などと議会答弁するのは無責任です。〝問題をつくり出すための答弁〟にすぎませんでした。

実は、これに先立つ二〇〇二年一二月一八日、東京都教育庁指導部長名で「学校における性教育の指導について」の通知（通知とは、特定の事実または行政庁の意思を、特定人または不特定多数人に対して表示する行為）が出され、「一部に児童・生徒の発達段階を十分に踏まえない内容の授業が行われている状況があります」としたうえで、「性教育指導について」「学習指導要領及び児童・生徒の発達段階に即した指導を行う」ことが指示されていました。

これが背景にあり、都議質問、都知事答弁、教育長答弁がなされたという構図です。今から見れば、まるでシナリオに基づいて事前に打ち合わせがあったのではないかと思わせるような〝都議会劇場〟でした。こうして準備された都議会での質問と答弁、そして実際に「視察」と「指導」の名の下に、暴力的ともいえる現場への介入が行われたのです。

二〇〇三年七月四日、土屋、古賀、田代の三都議と都教委が、数人の区議・市議や産経新聞記者をともなって都立七生養護学校へ「視察」「調査」を行いました。都教委の立ち合いのもとで、同校の性教育の教材をすべて公開させ、性教育実践のための人形を、パンツを脱がせて並べ写真に撮りました。

この時、土屋都議が養護教諭に対して「こういう教材を使うのをおかしいと思わないのか」「感覚がまひしている」と強く非難。田代は、無断で資料を持ち去ろうとしたのを同校教職員に止められた際、次のように恫喝しました。「何を持っていくかは、俺達が責任をもって持って行くんだから、馬鹿なことをいうな！　俺たちは国税と同じだ。一円までも暴いてやるからな。生意気なことを言うな！　このわけのわからない二人（養護教諭）は（学校から）出て行ってもらってもいいんだ」（訴訟における原告側準備書面より）。

持ち去られた教材は二六八点にのぼり、七生養護学校の性教育実践に必要不可欠のものでした。九月三〇日にその一部、三三点が返還されたものの、一一四点は（不適切と判断して）指導部に所属替えをされ、七生養護学校の管理職は、「都教委より調査のために回収された教材は今後使用できない」と述べました。「こころとからだの学習」の多くが、都教委により物理的にできなくされたという、教育現場への行政の乱暴な介入でした。教育基本法に反する許されない行為ですし、それが先述のように、いわば準備された形で行われたことも重大だったといえます。

産経新聞の七月五日付は、前日のこのできごとを、「過激性教育」「まるでアダルトショップのよう」「あまりに非常識」などとラベリング、中傷しました。同紙だけが独占取材したことは、同紙が〝バッシング専用〟の新聞社となっていたことを事実で示したものといえます。

国会では、七月一四日の衆議院決算行政監視委員会、さらに同一八日の予算委員会において山谷えり子議員が、「過激な性教育」が全国で行われていると質問。小泉純一郎首相は、「私、小学校時代も中学校時代も、性教育なんて受けたことはありませんね。しかし、こういうのは自然に何となく覚えていくもので、ここまでやっていいのかな」という知性のかけらもない答弁をしました。

統一協会もこれに呼応しました。八月四日付世界日報に土屋都議が登場し、「保健室はまるでアダルトショップ」「指導を怠った都教育庁」などという記事が掲載されています。七生養護学校への土屋らによる暴力的介入事件に関して、世界日報は一貫して擁護する記事を載せました。

九月一一日、東京都教育委員会は七生養護学校の金崎満前校長（二〇〇二年度まで七生養護学校長）に対し、同氏が人員を水増しするために「学級編成（学級数）の虚偽申請」「超過勤務の不正な調整」「都教委通達に違反した研修承認」を行ったなどとする言いがかりをつけて懲戒処分（停職一か月）・分限処分（一般教諭への降格人事）を行いました。しかし、処分の理由には「性教育」はあげられていませんでした。すでに前年度に金崎校長は異動をしていたのですが、それでも降格処分をしたのでした。

同時期には都内二二校にわたって校長、教頭、教員の一〇二名に、減給や戒告（注意・指導）が強行されていました。さらに、二〇〇四年三月三一日、都教委は卒業式における不起立・ピアノ不伴奏を理由に教職員一二名（高校七名、特別支援学校四名、中学校一名）の懲戒処分を行い、これで「10・23通達」に基づく二〇〇三年度の処分者数は延べ四二二名を数えることになりました。七生養護学校の事件とは直接には関係ありませんが、この時期、都教委は一〇〇名を超える学校管理職や教員に、減給や戒告（注意、指導）などの処分を行っていました。それはその後も続き、卒業式での日の丸・君が代の強制に関わる処分なども含め、都教委による現場への介入は深刻な萎縮《いしゅく》効果と管理強化を生み出したのでした。

教育行政による懲戒処分を振りかざした性教育バッシングがその後も続けられたのです。七生養護学校の性教育の実践者に関しては、減給や戒告、厳重注意処分の対象とはなっていませんでしたが、同校全体の約三分の一の教員が次年度には他校への配置転換という措置がとられました（異動希望者の教員も含む）。

七生養護学校事件は、行政による上からの指示に抵抗することは許さないということを具体的に示すことで、石原都政と都教委に、教育現場を従わせることを狙ったものだったと思います。同時に、「こころとからだの学習」＝包括的性教育を骨格にした実践内容が、国・東京都がすすめる性教育政策とは相いれないものだと示すことを企図していたでしょう。戦後一貫して国の性教育政策の土台は、〝性教育は寝た子を起こす〟論＝子どもの性は管理を基本にするという理念が据えられてきました。それに対して包括的性教育は、多様性の尊重、科学と人権を柱に、性的自己決定能力の形成をめざしています。その点では決定的な方向性の違いがあり、国や東京都にとってはめざわりな存在を排除しようとする「実力行使」だったと思われます。

事件を起こした都知事、都教委、三人の都議などの行動を、醜悪だと私が感じるのは、養護学校（現在の特別支援学校）という障がい児が学ぶ学校を攻撃のターゲットにしたことです。いわゆる健常児にもできていない性教育を、障がい児にていねいに教える必要などない、科学的な性教育など必要ないという発想がそこにあったのではないでしょうか。障がい児への社会的偏見を利用して、七生養護学校をターゲットにしたことは、私には許せないのです。

事件の前年までは、東京都主催の養護学校の研修会では、七生養護学校の教員が講師として毎年依頼され講演していました。そんなこともお構いなしに、事件をつくり上げるために、「こころとからだの学習」の評価を最悪の評価に転換させ、養護学校に土足で踏み込んだのです。〝あってはならないこと〟が政治的な思惑で引き起こされたのです。

3 「こころとからだの学習」裁判のとりくみと判決内容

以下、「こころとからだの学習」裁判（略称「ここから裁判」）と呼ばれたこの裁判の経緯を記しておきます。

◎二〇〇四年一二月二二日　一五二〇人が（最終的には申立人は八一二五人）東京弁護士会への人権救済の申し立てを行いました。七生養護学校で行われてきた性教育に関連して、都教委が性教育の授業を「不適切」とし、教材を没収したうえ、校長を処分したことに対して、処分の撤回や教材の返還を求めて、保護者や教職員、市民などが申し立てました。申立人には、映画監督の山田洋次、「金八先生」の脚本家でもある小山内美江子、東京大学教授・上野千鶴子（当時）なども名を連ねていました。
◎〇五年一月二四日　東京弁護士会から、事件に関与した都教委、都議らに「警告」が発せられました。人権侵害が認められた事件には、東京弁護士会が相手方に対し、「警告」、「勧告」、「要望」のいずれかの処置を示します。その中でも警告はもっとも重い判断が示されたことになります。
◎〇五年五月一二日　七生養護学校の保護者・教職員たち三一名が原告となり、事件の真実を伝え、子どもたちのための教育をとりもどすために提訴。裁判闘争の一歩を踏み出しました。
◎〇九年三月一二日　東京地裁で原告勝利判決。地裁判決は、以下の三点を認めた点で、教育裁判史上、画期的な判決と評価できます。
　第一は、政治家である都議らが、政治的な主義・信条に基づき、七生養護学校の性教育に介入・干渉したことを、同校における教育の自主性を阻害し、これを歪める危険な行為として、旧教育基本法一〇条一項の「不当な支配」にあたると認定したこと。第二に、都教委の職員らはこのような都議の「不当な支配」から七生養護学校の個々の教員を保護する義務があったと認定し、都議らの政治介入を放置したことに対し、保護義務違反と認定したこと。第三として、教員への「厳重注意」は、一種の制裁的行為であることを認定し、教育内容を理由として制裁的取扱いをするには、事前の研修や助言・指導を行うなど慎重な手続きを行うべきものとしたこと（「ここから裁判」原告団・弁護団・支援する全国連絡会「東京地裁判決についての声明」）。原告および被告側も控訴することで高裁での裁判をすすめることになりました。

◎一一年九月一六日　東京高裁控訴審で原告勝利判決。高裁判決は、原判決（東京地裁判決）に続いて、七生養護学校の教育に介入した都議の行為とこれを黙認し多くの教諭に厳重注意処分を発した都教委の行為を違法として損害賠償を命じた原審を維持する判決を言い渡しました。

判決は、学習指導要領について、基準性を拡大して、「一言一句が拘束力すなわち法規としての効力を有するとすることは困難」として「教育を実践する者の広い裁量」を強調し、知的障害養護学校の学習指導要領について、「各学校の児童・生徒の状態や経験に応じた教育現場の創意工夫に委ねる度合いが大きいと解することができる」と述べています。また、教育委員会の権限についても「教員の創意工夫の余地を奪うような細目にまでわたる指示命令等を行うことまでは許されない」と述べました。

争点になった「からだうた」にペニス・ワギナという言葉が含まれている問題、性交、コンドームの使用についても具体的に検討したうえ、「本件性教育は学習指導要領に違反しているとはいえない」と明確な判断を下しています。

原告側は、都教委の教育内容への介入の余地を認めたことを不服として、上告及び上告受理申立を行いました。被告側も判決を不満とし、上告及び上告受理申し立てをしました。

◎一三年一一月二八日　最高裁で三度めの原告勝訴判決。最高裁判所第一小法廷は、七生養護学校で行われていた性教育に、都教委、都議ら、産経新聞社が介入した事件に対し、教員・保護者の上告、上告受理申立、都議らの上告、上告受理申立を、いずれも棄却するとの決定をしました。これで、一一年九月一六日に言い渡された東京高裁判決が確定しました。

結果的に、①違法とされた都教委・都議らの介入行為が誤りであったことが具体的に示されていないこと、②性教育の内容は不適切ではなかったのであるから、都教委が持ち去った教材を教育現場に戻すべきであること、③産経新聞が繰り返してきた「不適切な性教育」という教育現場の実践を歪め破壊する新聞報道のあり方が裁かれなかった、という課題がありました。そうした不徹底さを残しましたが、確定した高裁判決は、都議、都教委の「過激性教育」判断の根拠が誤りであることを明示し、「こころとからだの学習」を「望ましい取り組み方であった」と評価し、教育現場の自主性を広く認めたという点で画期的な判決でした。その内容を最高裁は支持したということです。

原告、そして筆者も含む原告の支援者たちは、都教委・都議らに対し、教育現場の自主性を尊重する司法の判断にしたがうよう要求。事件後に改訂された『性教育の手引』（東京都教育委員会、二〇一九年三月刊）において、七生養護学校の実践を不適切な例とした記載は削除されました。こうした明確な司法の判断を踏まえれば、持ち去った教材は不適切ではなかったのであるから教育現場に戻すべきであることが求められます。また、今後このような教育現場への不当介入防止策の検討など、行政と議会の責任を果たすべきと考えます。

二〇〇九年三月一二日の東京地裁判決は、都議らの行為が、「一方的な批判で侮辱」とした上で、旧教育基本法で禁じられた「不当な支配」にあたると明確な判断を下しています。三都議と東京都に対して、慰謝料約二一〇万円の支払いを命じました。視察の様子を「過激性教育」として報じた産経新聞も一緒に訴えられたものの、同紙に対する訴えは退けられました。

ところで、第一審判決の時点で原告側の勝訴は明らかでしたが、マスコミ各紙の評価ははっきりと割れました。社説でこの判決を扱ったのは、全国紙では少なくとも四紙あり、その見出しを並べると次の通りです。

「創意つぶす『不当な支配』」（朝日新聞、〇九年三月一四日付）

「『不当支配』認定　教育介入へ当然の判決」（東京新聞、三月一六日付）

「過激な授業は放置できない」（読売新聞、三月一六日付）

「性教育　過激な内容正すのは当然」（産経新聞、三月一四日付）

「教育現場への介入」のとらえ方が、「朝日」「東京」と、「読売」「産経」は大きく分かれているのがわかります。マスコミのこうした立場と見解の違いは、二〇一三年一一月二八日の最高裁による最終判断によって、流れが大きく変わることになりました。

一八年三月一六日の都議会文教委員会で、自民の古賀都議が、校名や校長名、教員名も挙げつつ、「発達段階を無視」した「不適切な性教育」などと問題視した議会質問をしましたが、産経新聞を除いて、同調する世論はほとんどなく、性教育バッシングを許さない底流が形成されてきたことを実感しています。

すでに述べたように、性教育バッシングが起こりやすい背景には、さまざまな理由からの性教育への誤解や無理解があります。これは実にさまざまで、単に学ぶ機会がなかったことによる誤解であったり、伝聞やフェイク情報の影響で偏見を抱くこともあったりします。本書で示してきたように、性教育への攻撃が政治的な意図をもって行われてきたことも影響しているでしょう。

性教育バッシングのなかでも最も暴力的だった七生養護学校事件の背景には、第一に〝こんな勝手な教育をしていることを許してはならない〟という教育現場の管理統制の狙いが、また第二に、国に従順な人間づくりのためには、自らのからだの権利や自己決定権を大切にする性教育の理念は容認しないという考えがありました。包括的性教育の柱であるジェンダーの平等と多様性の尊重は、右派の政治家、統一協会系団体や日本会議などの政治・宗教団体による家父長制家族を土台にした国家観とは相いれない人間観・家族観の原理であるという背景もありました。

「性教育元年」と性教育バッシングの時代

七生養護学校事件をふまえて、あらためて、性教育とそれへの攻撃の経緯を振り返っておきたいと思います。日本の性教育は、子どもの権利条約の採択・批准・運動の歩みとともにありました。一九八九年一一月に国連で同条約が採択されてから三三年、国際条約を日本の法律として位置づける批准（一九九四年四月）から二八年が経過しています。その点では性教育の実践と運営の基盤となる子どもの権利条約は、日本においても少しずつ定着してきたという面があるといえるでしょう。

同時にこの三〇年は、エイズ感染の広がりとの関係で性教育の必要性が指摘され、徐々にその内容が検討されていった時期でもあります。一九八五年に、日本で初めてＨＩＶ（ヒト免疫不全ウイルス）感染した人がいると報告されたことが社会に衝撃を与え、一九八七年には神戸で日本初の女性のＨＩＶ感染者が報告されたことから、いわゆる〝エイズパニック〟が引き起こされました。感染拡大を防ぐためには、まずは子どもたちには科学的な性教育をするべきと、一九九二年に学習指導要領が改訂されました。1章で述べたように、この年は「性教育元年」といわれています。この改訂で、小学校五年生の理科と五・六年生の保健の教科書で「人の発生と成長」など、性教育の内容が一部入り、性教育のブームが到来しました。その後はこの章までで見てきたような、統一協会の影響も含め右派の政治家や研究者、メディアによる性教育バッシングが続き、しかしそれが七生養護学校事件をめぐるたたかいによって、破綻したというのがこの間の流れだったといっていいと思います。

その意味では性教育ブームは教育現場に性教育が根づく前に攻撃にさらされました。現在の世界の性教育のスタンダードは、事実・現実・真実に基づいた多様性と人権の性教育ですが、当時の国会や地方議会の認識のレベルや国民的な認識は、その到達から見ればかなりの乖離《かいり》があったといわざるをえません。本章で見たようなたたかいもあり、バッシングは破綻し、性教育を根付かせ発展させていく課題は今後に託されたといっていいと思います。

そのことを頭に置いて、次に右派の政治家に視点を置いて、「性教育元年」以降の動きを整理してみましょう。一九九三年、安倍晋三が衆議院選挙で初当選（山口一区。現在は四区）しています。その前年から性教育・ジェンダーバッシングが始まります。安倍の所属する、自民党のなかで文教族の多い清和会（清和政策研究会、安倍派）が、教育問題を中軸に、性教育に対しては「過激性教育」、歴史教育に対しては「自虐史観」などと、いわば「敵」をつくる旗印を掲げて、所属議員を確実に増やし始めた時期でもありました。

前章でも垣間見えたように、性教育への攻撃は文科省や教育委員会の中には色濃く影響しており、この当時の教育行政は現場の創造的実践を守る態度を持ち得なかったといえます。旧教育基本法の「第一〇条（教育行政）教育は、不当な支配に服することなく、国民全体に対し直接に責任を負って行われるべきものである」という基本的姿勢が骨抜きにされた状況でした（二〇〇六年の第一次安倍政権で「改正」された新教育基本法の一六条は「……教育行政は、国と地方公共団体との適切な役割分担及び相互の協力の下、公正かつ適正に行われなければならない」と変質させられています）。

性教育バッシングが始まった頃の一九九三年、政治の舞台では大きな変化が生まれることとなりました。六月一八日、野党が宮澤内閣の不信任案を提出し、自民党内の造反劇により宮澤内閣は衆議院を解散。総選挙で自民党は大敗し、「非自民」連立政権が発足しました。一九五五年の自民党結党以来、三八年にわたって続いた「五五年体制」（自由民主党が与党となる一党支配が続き、野党第一党の日本社会党がこれに対立するという国会の構図。これができあがったのが一九五五年だったのでこう呼ばれる）が終焉《しゅうえん》を迎えたのです。下野した自民党の中では右派が活発に動き始め、また九〇年代半ばからは、市場原理を至上のものと考え効率と利潤追求を最優先する、いわゆる新自由主義の大きな波が日本を覆うようになりました。新自由主義は経済に関するイデオロギーですが、同時に、政治的にさまざまな〝敵（攻撃目標）〟をつくり、保守層や右派を掘り起こす新保守主義という要素もはらんでいました。清和会は、このイデオロギーとナショナリズム的な歴史観をテコとして、党内の傍流から、主流へと駆け上がっていきました。当時の自民党内では保守本流といわれた宏池会（当時の宮澤派）、経世会（田中角栄系の派閥）に対して、保守傍流であった清和会は、文部省・文科省への強い影響力を持ち、教育問題で「旗」を振りました。二〇二二年一二月現在、清和会は衆参国会議員九七名を要する最大派閥になっています（ちなみに旧経世会の平成研究会＝茂木派五四、麻生派五二、二階派四三、宏池会・岸田派四三、無派閥八五）。

もともと岸信介以来、三代にわたって統一協会と関係を深めてきた安倍家は、選挙運動〝支援〟、あるいは比例代表区における票の配分で統一協会の協力を得てきました。第二次安倍政権発足後、九年間、自民党と統一協会の関係を追ってきた鈴木エイトは、首相官邸と統一協会との関係が明確な証拠によって露見した二〇二二年の参議院選挙が「全ての始まりだった」と、『自民党の統一教会汚染 追跡3000日』（小学館、二〇二二年、七ページ）で書いています。清和会の勢力が拡大する過程で統一協会がどのような役割を果たしてきたのか、今後さらなる解明が待たれます。

また、この三〇年の経緯は、新自由主義が国家運営の骨格に据えられてきた歴史でもあります。私なりにいえば、新自由主義の人間観には、人間には〝まっとうな自立した人間〟と〝半人前の厄介者〟がいるという人間像の分断が根底にあり、多様な個性を持つ人々の人権を平等に保障することに否定的・消極的な傾向があると思います。そうした人間観がジェンダー平等や性教育をめぐる政策にどんな影響を与えているのか、統一協会のような人間観にどんな態度をとるのかということも究明すべきテーマだと考えます。

ひるがえって七生養護学校事件にもどれば、あらためて七生養護学校の「こころとからだの学習」の重要性を共有するべきと考えます。二〇二二年一一月二六日には、「今、ふりかえる『七生事件』――その背景と包括的性教育への展望」と題する集会も開かれました。統一協会、一部研究者や政治家によるバッシングの歴史をのりこえ、新たな包括的性教育・ジェンダー教育の展望を拓くことが求められています。

第4章　世界の性教育のスタンダード
——包括的性教育の時代へ

統一協会や右派の研究者、政治家、メディアなどによる性教育バッシングについて振り返ってきましたが、ここで、科学的で人権を尊重する立場からの包括的性教育について紹介しておきたいと思います。国際的にはそれが受け入れられており、そこから見て日本の状況は大きく遅れているといえます。

本章では、包括的性教育とは何かを概説したうえで、その世界的なスタンダード（基準、標準）としてのユネスコ編「改訂版　セクシュアリティ教育ガイダンス」（以下、「ガイダンス」）の内容を紹介し、それが各国でどのように生かされているのか、「ガイダンス」を生かす性教育の課題と展望について述べたいと思います。

「性教育」と一言でいっても、各国にはさまざまな実践が混在しているのが実際です。宗教や伝統文化のもとで、女性にだけ「純潔強制教育」を押し付けるものもあれば、性行動の結果の悲惨な状況をことさらに強調する性の恐怖教育（中絶方法としての掻爬《そうは》手術や性感染症を脅しとして使うなど）、あるいは、本書でもふれてきたような、性教育は「（無垢な）寝た子を起こす」という曲解と性行動の管理を柱にした抑制的性教育などもあります。それらに対し、今日、世界的にスタンダードとなっている包括的性教育が注目されています。

ここでいう包括的性教育とは、①青年期までのすべての年齢を対象にして、②日常生活のすべての局面に対応できるように、③性的発達のさまざまな段階に必要な学習課題を準備することで、④豊かな共生関係を保障することをめざしている性教育のことです。本書では、「包括的性教育」と「包括的セクシュアリティ教育」の二通りの表記をしていますが、後者は翻訳書で使用している表記で、両者は基本的に同じ内容を示しています。

1 「国際セクシュアリティ教育ガイダンス」の特徴と内容

「改訂版ガイダンス」（二〇一八年発行、二〇二〇年日本語翻訳）では、八つの「キーコンセプト」を提示しています。キーコンセプトとは物事の基本を捉える考え方・概念を意味しています。それは、①人間関係、②価値観、人権、文化、セクシュアリティ、③ジェンダーの理解、④暴力と安全確保、⑤健康とウェルビーイング（幸福）のためのスキル、⑥人間のからだと発達、⑦セクシュアリティと性的行動、⑧性と生殖に関する健康、から成り立っており、それぞれのキーコンセプトの柱に、「キーアイデア」と「学習者ができるようになること」が、四つの年齢グループ（①五～八歳、②九～一二歳、③一二～一五歳、④一五～一八歳以上）に即して整理されています。各年齢グループの学習課題が性的発達段階の課題に即して示されています。

キーコンセプトの概要

八つのキーコンセプトについて、一部を紹介しながら説明します。

キーコンセプト1：「人間関係」　この項目は「家族」「友情、愛情、恋愛関係」「寛容、包摂、尊重」「長期的な責任ある関係と子育て」というトピックから成り立っています。「家族」の学習目標（五～八歳）のキーアイデア冒頭には「世界にはさまざまな家族の形がある」があり、包括的性教育のキーワードである「多様性」の視点が明記されています。多様性の視点は、包括的性教育の骨格をなす理念です。同様に、「友情、愛情、恋愛関係」の学習目標（五～八歳）のキーアイデアにおいても、「友情にはさまざまな形がある」こと、学習目標（一二～一五歳）のキーアイデアでは「人間関係にはさまざまな形がある」ことが書かれています。この「さまざまな形」のなかでどのような形を選ぶのかについて、その選択と対応能力を知識・態度・スキルのレベルで課題提起されています。

キーコンセプト2：「価値観、人権、文化、セクシュアリティ」　この項目は「価値観、セクシュアリティ」「人権、セクシュアリティ」「文化、社会とセクシュアリティ」というトピックから成っています。「価値観、セクシュアリティ」の学習目標（五～八歳）のキーアイデアは「価値観は、個人、家族、コミュニティの中でつくられる大切なことへの強力な信条である」ことがあげられています。辞典では価値観とは、「何に価値（善悪、よい・わるいと判断するか）を認めるかという考え方」であり、信条とは「正しいと信じて実践していること」をいいます。

学習者ができるようになることの一つとして、「平等、尊重、受容、寛容などの重要な個人的価値観を明らかにする（知識）」課題が示されています。ここに示された「平等、尊重、受容、寛容」は人権尊重という信条の骨格に据えられる価値観です。まさに根源的な課題が提示されているといえます。

キーコンセプト3：「ジェンダーの理解」　これは、「改訂版ガイダンス」で新たに加えられたキーコンセプトです。「ジェンダー（gender）」という用語は、「ガイダンス」（原著初版、二〇一〇年発行）では三八か所でしか使われていませんでしたが、「改訂版ガイダンス」（原著、二〇一八年発行）では、四一一か所で使用されています。「ジェンダーとジェンダー規範の社会的構築性」「ジェンダー平等、ジェンダーステレオタイプ、ジェンダーバイアス」「ジェンダーに基づく暴力」というトピックから成っています。

「ジェンダーに基づく暴力」の学習目標（九〜一二歳）のキーアイデアは、「あらゆる形のジェンダーに基づく暴力は間違った行為であり、人権侵害である」としたうえで、学習者ができるようになることの一つに、「性的虐待やジェンダーに基づく暴力は、その人が性的欲望をコントロールできないという問題ではなく、力と支配による犯罪であることを説明する（知識）」というように示されています。

こうした課題が小学校高学年の時期に「学習者ができるようになること」で明記されているので

す。包括的性教育の包括性を理解するうえでも「ジェンダーの理解」は必須課題と位置づけられています。

キーコンセプト4：「暴力と安全確保」 これもキーコンセプト3とともに改訂版で新たに設定された項目です。「暴力」「同意、プライバシー、からだの保全」「情報通信技術（ＩＣＴｓ）の安全な使い方」というトピックから成っています。

「同意、プライバシー、からだの保全」は、学習目標（五～八歳）のキーアイデアとして、「誰もが自らのからだに誰が、どこに、どのようにふれることができるのかを決める権利をもっている」ことを明確にしています。そのうえで「『からだの権利』の意味について説明する（知識）」ことを、学習者としてできるようになることの一つにあげています。

学習目標（一二～一五歳および一五～一八歳以上）では、暴力と安全確保にとって「性的同意」「境界線」の認識の重要性が説明されています。あわせて相手への「リスペクト」（尊敬、敬意）の重要性に注目しています。暴力と安全確保においては、「からだの権利」「性的同意」「境界線」「リスペクト」の四つの判断能力をいかに形成するのかが問われています。

キーコンセプト5：「健康とウェルビーイング（幸福）のためのスキル」 これは、「性的行動における規範と仲間の影響」「意思決定」「コミュニケーション、拒否、交渉のスキル」「メディアリテラシーとセクシュアリティ」「援助と支援を見つける」というトピックから成っています。「意思決定」の学習目標（九～一二歳）のキーアイデアとして、「意思決定は、学び、実践することのできるスキルである」と明記しています。その理解を踏まえて、学習者ができるようになることの一つとして、「意思決定は学ぶことのできるスキルだと認識する（態度）」ことが明示されています。

学習目標（一五〜一八歳以上）のキーアイデアには「性にかかわる意思決定は、法的責任をともなう可能性がある」ということもあります。学習者ができるようになることの一つとして、「性的行動にかかわる意思決定を見極めるうえで、自分たちの権利を知っていることが重要であることを認識する（態度）」こととあわせて「性的行動にかかわる特定の意思決定の作用により生じうる法的責任を見極める（スキル）」課題が示されています。

キーコンセプト6：「人間のからだと発達」 これは、「性と生殖の解剖学と生理学」「生殖」「思春期」「ボディイメージ」というトピックから成っています。「生殖」の学習目標（九〜一二歳）のキーアイデア「妊娠が始まるには、精子が卵子と結合し、子宮に着床するという条件が必要不可欠である」ことを踏まえて、学習者ができるようになることの一つとして、「ペニスが膣内で射精する性交の結果で妊娠が起こることを再認識する（知識）」ことが明記されています。学習目標（五〜八歳）においても「生殖」のプロセスを説明できることが学習者に求められています。年長の幼児から小学校低学年及び高学年の学習課題として受精・妊娠、出生のしくみを科学的に学ぶことが課題とされているのです。〝性教育はセックスのハウツーを教える〟などという教育実践ではありえないフェイクをバッシング派の研究者・議員などが繰り返し言ってきたのですが、あまりにも稚拙で低劣な攻撃であると言わざるをえません。

キーコンセプト7：「セクシュアリティと性的行動」　これは「セックス、セクシュアリティ、生涯にわたる性」「性的行動と性的反応」というトピックから成っています。「性的行動と性的反応」の学習目標（九歳～一二歳）のキーアイデアの一つで、「セックス（性行動）を遅らせるだけではなく、性的に活発になることを含め、性的行動について情報に基づいた決定ができることは重要である」としています。

「性的行動と性的反応」の学習目標（一二～一五歳）の一つとして、「取引的な性的行為、金銭や物品と性行為の交換は、自分の健康やウェルビーイング（幸福）を危険に晒《さら》す可能性がある」というキーアイデアを明記しています。そのうえで学習者ができるようになることの一つとして、「金銭や物品との取引を伴う性的関係は、脆弱《ぜいじやく》性を高めやすく不平等な力関係を増加させ、より安全なセックスを交渉する力を制限することを認識する（態度）」という課題が提起されています。初版では「取り引きとしての性的行為とは、性的なサービスをお金や物や保護と交換することである」と、定義が記述されていただけでしたが、改訂版では実践的に踏み込んだ記述がされています。

キーコンセプト8：「性と生殖に関する健康」　これは「妊娠と避妊」「HIV／エイズのスティグマ（恥と罪の意識）、ケア、治療、サポート」「HIVを含む性感染症リスクの理解、認識、低減」というトピックから成っています。学習目標（九～一二歳）では、「現代的な避妊方法は避妊や妊娠の計画を助ける」というキーアイデアに関し、学習者ができるようになることの一つとして、「コンドームやその他避妊法の利用の決定には、性的パートナーの両方に責任があることを認識する

（態度）」と明記しています。

中絶についても、同じ対象年齢で「若年での意図しない妊娠は、健康面や社会面でネガティブな結果となる可能性があることを認識する（態度）」というように、中絶を含む「ネガティブな結果」を迎える可能性に論及しています。さらに学習目標（一五〜一八歳以上）では、学習者ができるようになることの一つとして、「危険な中絶は女性にも女子にも深刻な健康リスクを引き起こすことを理解する（知識）」という課題が示されています。「ガイダンス」には「人工妊娠中絶」に関する記述がほとんどないのですが、これは各国における中絶に関する政治的政策的スタンスに大きな違いがあることを考慮してのことと理解しています。

2　各国の教育現場でどのように活用されているか

各国の包括的性教育の具体的な取り組みについては、『季刊セクシュアリティ』（一〇六号、二〇二二年四月）の特集「世界の性教育のつくりかた」で紹介していますので、ぜひ参照していただきたいと思います。以下、そこに掲載されている論考を参考に、一部だけ紹介します。

【アメリカ】北田佳子「アメリカにおける性教育政策の現状」は次のようなことを明らかにしています。

一九九一年にアメリカ性情報・性教育評議会（略称SIECUS〔シーカス〕Sexuality Information and Education Council of the United States）が「包括的性教育ガイドライン」を公表しています。一九六四年に創設されたSIECUSは、ブッシュ政権、トランプ政権下で、公的資金の削減などさまざまな苦難を乗り越えて、性教育に必要な情報を発信し続けてきた団体です。二〇一一年には、同評議会が複数の団体と協力して「全米性教育スタンダード」（National Sex Education Standards 第二版、二〇二〇年）を策定しています。この「スタンダード」は、全米の公立学校で「包括的性教育」を推進するためにつくられたもので、現在全米の約四割の学区がこのスタンダードに準拠した性教育を実践していると報告されています。

北田論考で整理されている「表1　アメリカの各州における性関連教育の必修化状況とその特徴」を見ると、「性関連教育の必修項目」は、「性教育」「HIV／性感染症」「健康的な人間関係」に三分類されています。いずれも必修化していない州は五つだけとなっており、ほとんどの州の公立学校で何らかの性関連教育を必修化しています。ただし、この三項目のすべてを必修化している州は、全米五〇州とワシントンD.C.のうち、二一州にとどまっているのが実際です。

【スウェーデン】大山治彦「スウェーデンの性教育のあゆみ」は次のような点を明らかにしてい

ます。

一九三三年にはスウェーデン性教育協会が設立され、五五年には早くも性教育が義務化されるなど、スウェーデンは、世界の包括的性教育をリードしてきました。現行の性教育の特徴は、①必修化されていること、②共生の教育として展開されていること、③独立した科目ではなく、教科横断的なカリキュラムになっていること、④知識を教えるだけではなく、考えたり話しあったりすることに力点が置かれていることがあげられます。

二〇二二年秋学期から、性教育は「性と共生」という名称から、「セクシュアリティ、同意、関係」と変更されます。またメディアやポルノについて、リテラシー能力をはぐくむことにさらに力点が置かれることになります。

スウェーデン性教育協会は、性教育をより発展させていくために、八つの提案をしています。①教員養成課程において性教育を必修とすること、②学校長が責任をもって性教育を推進すること、③政府は、学校の性教育について定期的に評価し、サポートすること、④政府は、子ども・若者のセクシュアリティに関する調査・研究を行い、それを踏まえて性教育をすすめ、その知見を普及すること、⑤社会的養護サービスを受けている子どもたちが、セクシュアリティと人間関係について、一般家庭と同様の経験を保障されること、⑥移民などでスウェーデンに暮らしている子ども・若者にも、一般の子どもと同様の教育が保障されること、⑦移民でスウェーデン社会に加わったおとなにも、性と生殖に関する健康/権利を学び、問題解決の支援をすること、⑧ジェンダーの視点を持ち、愛やセクシュアリティ、人間関係の問題にうまく対応できるように、前向きに促進的な教育を行うこと、などをあげています。日本こそ学ぶべき大事な提案です。

【フィンランド】トンミ・パーラネン、ティイナ・ヴィルポネン「フィンランドの性教育」は、次のような点を明らかにしています。

性教育が必修になっているフィンランドでは、中学校の教科書では、異性愛や同性愛、ペニスの形は多様であること、マスターベーションの説明などにもふれて説明しています。性教育を学べる科目「健康教育」も開設されており、大学入試の科目にもなっています。性教育をいかに重視しているのかがわかります。

同国における包括的性教育の目的は四つの側面に分類できます。

（1）健康：性的健康の維持

（2）資源（リソース）：精神的、感情的、社会的

（3）合理性：主体的選択

（4）人道主義（ヒューマニズム）：教育および価値を省察する能力

フィンランドでは、NGOであるSexpo（セクスポ＝性と人間関係分野の専門機関であり、性科学の主要な指導組織）が国と連携しながら包括的性教育をすすめています。Sexpoは、性教育推進について三つの方向からの戦略を採っています。それは、①政治的影響力と政策づくり、②教材、視覚

的効果、介入をもたらすプロジェクトや共同作業、③セクシュアリティ教育者の養成です。

③の教育者養成課程のセクシュアリティ教育トレーニングは八〇〇時間となっています。その具体的なテーマは一〇項目あります。◎性教育者への成長！　価値観と省察、◎誰に対して、いつ、どのように、どのような理由で？　ターゲットグループと方法、◎性的発達と健康。身体、性的よろこび、欲求、◎性、ジェンダー、身体、人間関係の多様性、◎実践方法論、◎感情とライフスキル、◎メディア教育、◎安全性、リスク、脆弱性《ぜいじゃくせい》、◎特定の集団における性教育：障害のある人など、◎性、文化、地域社会などとなっています。包括的性教育の実践者養成は不可欠の課題となっています。

【イギリス】広瀬裕子「イギリスの性教育」は次のような点を明らかにしています。

イギリスの包括的性教育は、主に国定カリキュラムの中の「人格と社会性、健康教育（Personal, Social and Health Education: PSHE)」の時間内に行われることが多くなっています。この時間では食べ物やたばこ、学校内でのけんかや人権など幅広い内容が扱われます。

からだのことだけではなく、「自分の気持ちやある場面で起り得るジレンマはどのようなものなのか」、「二人の関係性をどう大切にできるのか」など「人間関係（Relationship)」について議論の対象となります。こうした包括的な性教育は「性と人間関係の教育」という名称でしたが、二〇一七年に政府が提出した修正案によって、人間関係を前面に掲げ、「人間関係と性の教育

（Relationships and sex education）」という名称の法改正を行いました。しかし、この法改正で性教育が必修化されたと評価することはできないのが実際です。他方、成立した「二〇一七年ソーシャルワーク法」が根拠法となって、二〇二〇年から包括的なスタンスの性教育が大きく一歩を踏み出しています。

【台湾】福永玄弥「ジェンダー平等教育、あるいは『孤立無縁の島』の試み」は、次のような点を明らかにしています。

台湾は、二〇一九年にアジアではじめて「同性婚」が法制度上で認められた国です。国際社会における台湾の位置が、「孤立無縁の島」と表現されることもありましたが、そうした立ち位置が台湾を「人権先進国」に発展させる一因になったといえます。

台湾における性教育・ジェンダー教育は、二〇〇四年に制定されたジェンダー平等教育法を法的根拠としています。この法律の目的は「ジェンダーの地位の実質的平等を促進」することにあり、法律の適用対象は小学校から大学までとなっています。また、行政的な推進体制として、中央省庁（教育部）、地方行政、法律が対象とするすべての学校にジェンダー平等委員会が設置されています。同委員会の構成メンバーの過半数を女性が占めることも同法で規定されています。

同法の策定過程の二〇〇〇年四月に、同級生から性的マイノリティであることを嘲笑され、暴力を受けた生徒が校内のトイレで死亡した事件が発生。草案の起草を担ったフェミニストたちがこの事件について調査し、同性愛やトランスジェンダーの生徒たちが暴力に晒される事実を確認することとなったのです。この事件を契機に、性別だけではなく、性的指向やジェンダー・アイデンティティ（性自認）に基づいた差別を禁止する法律として成立することになりました。その後、さまざまなバックラッシュに遭いながらも、国民の「ジェンダー平等意識」を変えてきたことは事実です。「私たちが『性』をいかに認識し、それを学校でどのように教えるかという問いは、つねにすでに政治的な問題であって、そこに中立的な立場など存在しない」（七九ページ）という福永の主張が心に沁みました。

二〇二二年の実践的運動的課題として、青少年文化センター以外に、NGO諸団体が「包括的性教育の権利保障のためのネットワーク」を形成し、「基準案」の後退を許してきた政府の性教育政策に対する批判的な声をあげ、新しい政府が包括的性教育政策を導入することを求めるアクションが行われています。

紙幅の関係で、オランダ、韓国、中国、タイは紹介することはできませんでした。『季刊セクシュアリティ』一〇六号をぜひお読みいただきたいと思います。

世界の動向から考えること

世界の包括的性教育を概観してあらためて共通していると感じることは、第一に、性教育を根づかせるために各国でさまざまな努力がなされていますが、同時に保守派の政治家・議員、団体、保護者などからの〝過激すぎる〟などの妨害やバッシングとの対抗のなかでジグザクをともないながらすすめてきている状況があることです。その意味で包括的性教育を推進する歩みは、たたかいの歴史でもあるということができます。

第二に、紹介した国々では包括的性教育を推進する道を歩んでおり、性教育政策や性教育実践が人々に浸透しつつあることを確認できます。包括的性教育は、一部の人が言うようないわゆる後進国に向けて発信された内容ではなく、世界の性教育実践者、学校運営者、教育行政の関係者に向けて、世界共有の財産として発信され続けています。

第三として、それぞれの国で包括的性教育を法制度のなかに位置づけながら、学校での公教育のなかに性教育を組み込み、少なくない国が必修化への道のりのなかにあります。

第四としては、性教育先進国では教員養成課程でのカリキュラムに、性教育関連科目を導入していることも重要な前進です。

最後に、あらためて日本の性教育政策の後進性が際立っていることがわかります。多くの国々が子ども・若者を大切にするためには、子どもの現実とニーズに即して、包括的性教育を組み立てていく国・自治体をめざして歩みたいものです。

3 「ガイダンス」を生かす性教育の課題と展望

「生命の安全教育」の限界と問題点

二〇二〇年度から二二年度までの三年間を、性犯罪・性暴力対策の「集中強化期間」として、文部科学省と内閣府が連携して「生命の安全教育」のための教材と指導の手引きを作成してきました。その準備期間を踏まえて、文部科学省が推進する「生命（いのち）の安全教育」が二〇二三年度から本格実施されることになっています。具体的な取り組みの対象は、幼児（就学前の教育・保育）、小学校、中学校、高校、大学等及び特別支援教育とされています。

政府は「性犯罪・性暴力対策の強化の方針」（二〇二〇年六月一一日、性犯罪・性暴力対策強化のための関係府省会議）において「性犯罪・性暴力を根絶していくためには、（中略）子供たちに、そして、社会に、①生命（いのち）の尊さや素晴らしさ、②自分を尊重し、大事にすること（被害者にならない）、③相手を尊重し、大事にすること（加害者にならない）、④一人一人が大事な存在であること（傍観者にならない）、のメッセージを、強力に発信し続けることが重要である」としています。

こうした課題が政府から示され、教育は「性暴力や性被害の予防や対処に関する教育」という形で位置づけられているのですが、「性教育」として位置づけられているわけではありません。あくまでも「性犯罪・性暴力対策」の一環として位置づけられているのが「生命の安全教育」の実際です。

そうした限界と問題点を超えて、包括的性教育としての必要な内容を付け加えながら、暴力をなくし、人権を尊重する教育実践を構想していく必要があります。それは〝からだの安全教育〟としての包括的性教育であり、からだの権利教育が求められていると考えています。その立場から筆者は、『からだの権利教育入門』（子どもの未来社、二〇二二年）を出版していますので参照していただければ幸いです。

「ガイダンス」を私たちの言葉で語るために

「ガイダンス」には、「人権」「からだの権利」「責任」「バイアス（偏見）」「暴力」「性的同意」「ポジティブな感情」「健康」「ウェルビーイング（幸福）」などについて、「明らかにする、説明する、再認識する、はっきりと示す、省察する」などの重要性が示されていますが、それらを具体的にどう語るのかについて明示しているわけではありません。その点では、子どもたちに何をどのように語ることができるのかを研究・討議し、自らの言葉で語りかける力が私たちに求められていると考えます。包括的性教育に関する文献を読み、学習会などを開いて、おとなが学び語りあうことが求められているのです。

これからの課題を展望する

〝人間と性〟教育研究協議会が結成された一九八二年からの性教育の四〇年の歩みは、政府や国会議員、地方議員、大学教員、マスコミ、右派団体などからの攻撃が繰り返される歳月でしたが、性教育の内容を深め、性教育の意義を確信し広げていく期間でもありました。一九九二年から性教育バッシングが、大学教授によって週刊誌上で行われ、軌を一にするように統一協会・国際勝共連合、さらに自民党議員などから似たようなバッシングが行われて以降、二〇一八年頃までのバッシングの時代をたたかい抜くことができました。この四〇年間の三分の二がバッシングとのたたかいの期間でもありました。この歩みを振り返って、研究と運動を真摯《しんし》に追究してきたことに誇りを持っています。

性教育バッシングの動きはこの数年で決定的に破綻しました。まず子どもたちの現実が科学・人権・自立・共生の性教育＝包括的性教育を求めていることが明確になり、子どもと保護者にとって必要な学びの要求になっていることです。しかし、学校現場がそうした子ども・生徒の学びの要求に応える態勢に至ってないことも事実です。それは文部科学省・教育委員会の方針が子ども・青年の現実に即して改革する意思が乏しいことに問題があります。とりわけ性教育は、子どもの性的現実と性的発達の課題から出発する基本的スタンスが文部科学省・教育委員会に求められているのです。

世界の性教育から、周回遅れの実態にあることの要因は、「性教育は寝た子を起こす」という虚構によって、できるだけ性の学びを子どもたちから遠ざけてきた日本の性教育政策にあります。学習指導要領には、「人の受精に至る過程は取り扱わないものとする」（小学五年生・理科）などのいわゆる〝はどめ規定〟がまだ残されています。〝はどめ規定〟を特記することで、教育現場が性教育と距離を置くようにされてきました。この規定の撤廃を求める運動を進めます。

同時に、筆者たちは、包括的性教育を支える「岩盤」を形成するためにも、わが国で「包括的性教育推進法」（仮称）の制定を求めていきます。それはすべての子ども・青年の性の学習権の保障をめざす運動であり、「科学にもとづいた、権利としての性教育」を日本に根づかせるために必要な取り組みであると考えています。

＊

「包括的性教育を公教育に導入」するという提案を、日本の政党ではじめて提起したのが日本共産党でした。二〇二一年一〇月の総選挙において同党が、はじめて「包括的性教育」と性に関わる政策提案を行いました。そこには以下の内容が述べられていました。

• 子どもの年齢・発達に即した、科学的な「包括的性教育」を公教育に導入します。

• 避妊も中絶も、女性の大切な権利です。避妊薬と緊急避妊薬を安価で入手しやすくします。中絶薬を早期に認可し、中絶医療を国際水準まで高めます。

・明治期から残る刑法の自己堕胎罪や、母体保護法の配偶者同意要件を廃止します。

こうした提案が政治の世界からなされたことを歓迎します。同時に、これを第一歩として、各政党が包括的性教育というテーマを政策課題として深めていただきたいと切望します。包括的性教育を公教育に導入するという方向は、ヨーロッパ諸国ではすでに具体化され、性教育関連科目の必修化もすすめられています。包括的性教育を公教育に導入するための課題を私なりにあげておくと、次のようになります。

第一は、ジェンダー平等をすすめていくうえでも、子どもの成長・発達のためにも包括的性教育を学校教育のなかに位置づけていく必要性を国会などでも議論することです。

第二に、文科省・内閣府による三年間の準備期間を経て、二〇二三年度から、「生命の安全教育」が本格実施されていますが、すでに見たように、性被害・性暴力をなくしていくことが目的と謳《うた》われているのに、実践内容には性教育としての位置づけはありません。その点で「からだの権利教育」を具体的な実践方向と内容として提起することが必要であると考えます。

文科省は「生命の安全教育」の「教材の内容については各学校や地域の状況等に応じて適宜内容の加除や改変を行った上での使用も可能です」としています（「性犯罪・性暴力対策の強化について」mext.go.jp/a_menu/danjo/anzen/index.html）。そうした方針を踏まえて、必要なスライドや資料（絵本などを含め）によって補足できる可能性があります。こうしたことも自治体や教育委員会の方針として再確認をする取り組みが必要です。

第三として、地方議会における統一協会系、日本会議系、神道政治連盟系などの右派系議員による ジェンダー・性教育攻撃のための議会質問や宣伝に関して即応的に対応することが大切です。二〇一八年三月、東京都議会文教委員会で自民党議員が性教育バッシング質問を行いました。また二〇二〇年九月、足立区議会で自民党区議が、「同性愛が広がれば『足立区は滅びる』」との趣旨の発言を行いました。これらへの道理に基づいた批判が必要です。また、統一協会などが地方議会への請願・提案を組織している「家庭教育支援条例」の本質を解明し、策動を許さない市民運動が重要になっています。

第四として、七生《なな お》養護学校（現在、特別支援学校）で実践された内容への強権的暴力的な都議・都教委の介入に対してたたかった「こころとからだの学習」裁判の高裁判決、最高裁判決（確定）を広く共有することです。七生養護学校への暴力的介入事件は、地裁、高裁、最高裁で司法判断が下され、事件を起こした都教委と都議が断罪されました。学習指導要領について「一言一句が拘束力すなわち法規としての効力を有するとすることは困難」として「教育を実践する者の広い裁量」を強調したこの判決は、今後の包括的性教育の法的な基礎ともなるものです。

第五として、都道府県・市町村の「性教育の手引」の内容が生かされているか、また性教育の抑制につながる使われ方をしていないかをチェックして、必要に応じて改訂をしていくことも大切です。

包括的性教育は、すべての子どもたちの学ぶ権利として保障されるべき課題です。すべての子どもたちに、年齢と発達と時代のニーズに応じた包括的性教育を創造していくことに努力したいものです。

〔参考文献〕

・ユネスコ編、浅井・艮・田代・福田・渡辺訳『改訂版 国際セクシュアリティ教育ガイダンス』明石書店、二〇二〇年。
・浅井春夫『包括的性教育』大月書店、二〇二〇年。
・浅井春夫、艮香織、水野哲夫編『人間と性の絵本（全五巻）』（大月書店、二〇二一年〜二二年）
・『季刊セクシュアリティ』一〇六号　特集：世界の性教育のつくり方（エイデル研究所、二〇二二年四月）。
・浅井春夫、艮香織編『からだの権利教育入門』子どもの未来社、二〇二二年。

第5章　統一協会と関係の深い研究者と「性教育」論

ここまで見てきたように、一九九二年に統一協会が、「私たちは、現在すすめられようとしている『性教育』――性解放思想に基づく性器・性交・避妊教育――には反対します」と「新純潔宣言」で述べたころから、それに呼応するかのようなタイミングと内容で、一部研究者や政治家が、性教育に誹謗・中傷を行ってきました。本章では、そのうち、研究者によるものを検討するとともに、統一協会が研究者をどのように利用してきたかをまとめておきたいと思います。

1　性教育バッシングの先兵役としての研究者たち

高橋史朗によるバッシング

第1章でふれたように、性教育バッシングの起点である統一協会の「新純潔宣言」に最も早く呼応して論考を書いた人物が高橋史朗（当時は明星大学教授、現在は麗澤大学特別教授）でした。最初のバッシング論考「小学校の『性交教育』これでいいのか性教育」（『週刊文春』一九九二年六月一一日号）については第1章で少しふれました。その内容は、山本直英ほか著『ひとりで、ふたりで、みんなと――性ってなんだろう』（東京書籍、一九九一年。以下、副読本と略記）という小学校高学年向けの性教育副読本への批判でした。ここでは、高橋が同書を批判した四つの論点を紹介しながら、その「これでいいのか」という問いかけに応えることにします。

高橋論考は、「卵管で待っている卵子へ精子を安全に確実に届けてあげるために、男の人は、ペニスをバギナに入れて射精をするのです。これを性交といいます」という副読本の一文から始めます。そして、①「いまの全国の小学校で、こういう教材を使って、『性交』を教えているわけです」というのです。まるで「性交」の方法を教えているように印象付けていますが、小学校高学年の性教育においては、人が生まれる受精の仕組み、自らのルーツを知る学びにポイントがあるのです。それはけっして「セックスの方法」を教えるものではありません。現代の日本においては、体外受精などで生まれる子どもも少なくありません（二〇一九年では六万五九八人）が、性交が、受精の過程で必要なプロセスであるのは当然です。それは人の出生に関わる学びです。

②高橋は、「性についてよく知らない純情な小学生に、わざわざ『ペニス』や『バギナ』、『クリトリス』という言葉を教え、避妊まで教えているのです。はたして、そこまで教える必要があるのでしょうか」と書いています。しかし、自らのからだの器官の名前と機能を知ることは、からだ学習の基本です。第4章で見た、世界の性教育のスタンダード『改訂版 国際セクシュアリティ教育ガイダンス』の「キーコンセプト6 人間のからだと発達」でも、五～八歳の学習目標のキーアイデアに「自分のからだの名称と機能を知ることは重要で、性と生殖にかかわる器官をも含め、それ

らについて知りたいと思うことは自然である」と述べられています。自分のからだの名称さえ知らないで自尊感情をはぐくむのが難しいのは当然であり、高橋の指摘はあたりません。

③高橋は、「時代の変化も考慮しなければならないが、日本の文化に根ざした性教育こそ必要なのではないか」ともいい、「第三の性教育」を提起します。しかし、「第三の……」といっても具体的内容は記されていません。現在においてもジェンダー不平等の文化が根強くある日本で、性教育として具体的に何を提起するのか、これではまったく不明です。ジェンダー不平等の現実の下で、性の多様性や、その違いにかかわらず個人が尊重され人権が守られるべきことが理解されることこそ大事です。性教育もそうした内容を持っていることは第4章でみたとおりです。

④「生命の神秘性を教えるべき」という高橋の主張が、「第三の性教育」の根幹の目標となっているといえます。この論考は、「単なる純潔教育でもなく、性交教育でもない、第三の性教育があるのではないか。生命の神秘性・尊厳性に目覚めさせ、生きていることの大切さを実感させる人間教育としての性教育こそ、子どもたちが待ち望んでいる『真の性教育』ではないでしょうか」とまとめられています。「神秘（性）」とは、「人間の知恵では計り知れない不思議なこと」を指す言葉ですが、今、子どもたちの状態に照らして求められているのは、科学と人権尊重の視点です。むしろ、それらを軽視することにつながりはしないでしょうか。「生命の神秘性」は限りなく道徳教育に吸収されていく可能性が大きく、しかも人間の知性を超えた「神」の存在が入り込んでくる落とし穴があると筆者は考えます。

なお、高橋が使っている「性交教育」という言葉は、統一協会も使っている造語です。それが短い論考の中で一二回も使われている点にも、その低劣さを感じざるをえません。

高橋は、この論考に続いて、「自慰のススメと革命のススメ」（『文藝春秋』一九九二年九月特別号）、「コンドーム教育に異議あり」（『週刊文春』一九九三年一月二八日号）を学術研究誌ではなく、週刊誌、月刊誌に書いており、性教育バッシングの世論づくりに大いに「貢献」したといえます。それは〝こんなに勝手な教育内容が学校現場ですすめられている〟と喧伝し、事実に反する性教育のイメージを人々に印象づけるものでした。性教育推進に向かう学校現場と行政の動きに対する逆流だったといえます。

それは、「私たちは、現在すすめられようとしている『性教育』――性解放思想に基づく性器・性交・避妊教育――には反対します」という統一協会の「新純潔宣言」に即したものでした。高橋が統一協会ときわめて親しい関係にあったことは第1章でふれた通りですが、その主張も共鳴し合う内容だったといっていいでしょう。筆者が、高橋はいわば統一協会の先兵としての役割を果たしてきたと見る理由がここにあります。

高橋は、学生時代には「生長の家学生会全国総連合（生学連）」の委員長でした。社会問題研究会編『右翼・民族派事典』（国書刊行会、一九七六年版）には、当時の名前が、「委員長　土橋史郎《ママ》（早大）」と明記されています（結婚によって高橋姓に）。

その後も高橋は、日本青年協議会、統一協会のフロント組織である国際勝共連合や日本会議などの右派組織との関わりを持ち続けてきました。安倍晋三内閣のもとで、いわゆる「慰安婦」「歴史教科書」「男女共同参画計画」などの分野で右派の立場から論陣を張り、「LGBT理解増進法」「選択的夫婦別姓制度」「同性婚」などにも抵抗してきました。

その著作は、『総点検・戦後教育の実像』（PHP研究所、一九八六年）に始まり、戦後教育史、「感性教育」、「親学」などの分野にわたっていますが、性教育をまともに取りあげたのは、『間違いだらけの急進的性教育』（黎明書房、一九九四年）だけでした。率直に言って、同書で展開された理論が現場の実践に影響を与えたことは、まったくありませんでした。性教育バッシングへのネタ本としての意味はあったのかもしれませんが。すでに述べたように、言うところの「第三の性教育」の実践内容など、今日までまったく提起されることはありませんでした。彼は、学校現場の性教育を攻撃はしても、性教育の理論と実践を提起することはできないでいるのです。研究者として提起した課題を放棄したまま、誠意のない姿勢が今日まで続いていると見られても仕方ないと思います。

高橋は最近では、モラロジー道徳教育財団 道徳科学研究所教授として、『知っておきたい「こども庁」問題Q&A』（歴史認識問題研究会、二〇二一年）などで発信をしています。この冊子の「はじめに」では、「『従軍慰安婦』『性奴隷』『強制連行』『ヘイトスピーチ』『体罰禁止』『性的指向及び性別認識（LGBTI）差別』『アイヌ問題』など、左翼陣営が唱えてきた問題にはことごとく国連からの勧告が利用されて、お墨付きを与える役割を果たしてきました」（五ページ）と書かれています。人権問題に関する国連のさまざまな勧告を敵視する姿勢は一貫した高橋のスタンスとなっています。

彼は、臨時教育審議会（政府委嘱）専門委員、埼玉県教育委員会委員長職務代理者、東京都男女平等参画審議会委員、「子どもと家族を応援する日本」重点戦略検討会議「家族・地域の再生」分科会委員（政府委嘱）、国際学校研究委員会（文部省委嘱）委員、神奈川県学校不適応（登校拒否）対策研究協議会専門部会長などを経て、青少年健全育成調査研究委員会（自治省委嘱）座長などの要職を歴任しています。

松岡弘の恣意的主張

その高橋が編者の一人となった『性と生命の教育』（『現代のエスプリ』三〇九号、至文堂、一九九三年）での議論を見ると、大阪教育大学教授（当時）の松岡弘の主張の異様さにも驚かされます。冒頭の座談会「性と生命の教育――エイズ教育の課題」は高橋、松岡のほか、石川哲也（文部省体育局学校健康教育課調査官）、田能村祐麒（田能村教育問題研究所）で論議がされています（肩書はすべて出版当時）。松岡の言葉はたとえば次のような調子です。

「特に性交指導、外性器指導を行うのは危険です。これは一種のプロパガンダです。個人の心情や社会運動を教育に持ち込んではいけない」（二二ページ）、「人形まで使うと、やはり行き過ぎです」（二三ページ）。一見してわかる通り、これも統一協会の「新純潔宣言」と同じ意味を持たせた「性交指導」というラベリング攻撃です。同じ文脈で高橋は、「親も先生方も純潔教育と性器や性交の指導の中間で揺れ動いておられるというのが率直なところだと思います。私はその意味で『第三の性教育』がもっと新しい形で求められているのではないかと思っています」（二一二～二一三ページ）と述べています。「第三の性教育」は既に述べたように、どのようなものなのか、まったく明らかでないということは同じです。

松岡は、「性交指導、外性器指導を行うのは危険です。一種のプロパガンダです」といったうえで、特定の「社会運動を教育に持ち込んではいけない」とも発言しています。これは筆者も参加する〝人間と性〟教育研究協議会に向けた印象操作を意図した言葉だったといえます。性教育の内容についての具体的な提起はありませんでした。

この座談会はこのように、性教育が主に性交の仕方を教えているかのように描いている点で、事実とまったく異なるものでした。

松岡は『正論』一九九三年八月号でも「性教育＝性器・性交・コンドーム教育」（「新・純潔教育のすすめ」）とラベリングし、「自由だ！　解放だ！　愛があればセックスだ！　オナニーのススメ、性交のススメ、コンドームがあれば大丈夫だ、中絶のススメ等々という教育は、子どもを駄目にしてしまう」（一九七ページ）などと性教育をすすめることを揶揄しています。この「新・純潔教育のすすめ」は、特定の信条や旧態依然とした純潔教育と性行動の禁止を伝えることに終始していました。しかし、子どもたちの学びの要求と合致していない性教育実践では、子どもの学習意欲をはぐくむことはできませんし、性的自己決定能力の形成にはつながらないと考えます。

彼の性教育の描き方は、事実に反した印象操作であり、そのようなものを「根拠」として純潔教育や管理主義的な「性教育」を主張するのは、恣意的な論法で問題ですが、教育の基本的なあり方から考えても道理に合わないものといえるでしょう。「結婚まで純潔を守る人は、そうでない人より幸福な結婚ができます」「一瞬の誘惑に負けることは、すべてを失うことになります」などと性行動の管理に重点を置く主張をしています。「すべてを失う」などは明らかに脅しです。〝性恐育〟といった教育方法で、本当に子どもたちが自らの性を深く見つめ、責任をもった市民として成長していけるでしょうか。

松岡は「私は政治、宗教と無関係」（朝日新聞一九九三年九月二三日）と弁明し、統一協会との関係も否定しています。しかし彼は、統一協会系の運動である東西南北統一運動国民連合主催のシンポジウムの司会などを、多数こなしています。「統一協会とは関係がない」と強弁することは無理があります。

「胎児の人権宣言」をめぐって

なお、『性と生命の教育』（『現代のエスプリ』三〇九号）の末尾には、資料として、「胎児の人権宣言」（一九九一年四月二七日）が掲載されています。これは東京都内の大学で開催された国際生命尊重会議で行われた宣言です。同宣言は、胎児の人権を尊重することを「すべての国際団体、政府、組織ならびにすべての善意の人々が……公認し、実行するように強く奨める」としています。ただ、この点は、国によって意見が二分している状況にあり、女性の中絶の権利にも関わる問題です。胎児の人権は、国際条約や国際法で必ずしも認められておらず、日本政府もこの宣言の各条項を公認していません。

この「胎児の人権宣言」は人工妊娠中絶に否定的なもの、いわゆる「プロ・ライフ pro-life」の立場といえます。しかし他方、妊娠中絶の権利は認められるべきとする「プロ・チョイス pro-choice」の主張も国際的には広く存在します。このように二分された見解があるもとで、一方（「プロ・チョイス」派）の立場をフェアに紹介することなく、他方（プロ・ライフ派）の団体の宣言をあたかも世界の共通認識のように紹介するのは、偏っており学問的には公正とはいえません。人工妊娠中絶を殺人とみなしている特定の立場に肩入れしているといわねばならないでしょう。

ちなみに子どもの権利条約では、前文に、子どもの「出生前後に」「特別の保護およびケアを必要とする」という文言があります。これをめぐって国連での審議過程では、胎児に権利を認めるべきだという意見も出されましたが、人工妊娠中絶の認否（法的承認・非承認）については各国で基本的な違いがあり合意はなされませんでした。「その結果、第一部の実体的権利規定ではなく前文に、子どもの権利宣言（一九五九年）の前文三段を再確認するかたちで規定され」（永井憲一・寺脇隆夫編『解説 子どもの権利条約』日本評論社、一九九〇年、四〇ページ）、それも「留意事項」とされるにとどまりました。したがって、この前文をもって胎児の人権の承認がされていると理解することは誤りです。

八木秀次に見る右派研究者のあり方

第2章でもたびたび紹介したように、性教育・ジェンダーバッシングの「旗手」の一人として八木秀次（麗澤大学国際学部教授。一般財団法人 日本教育再生機構理事長）がいます。産経新聞「正論」メンバー、「新しい歴史教科書をつくる会」第三代会長などを歴任し、自民党、とりわけ安倍派の勉強会には、「有識者」として重用され招かれてきた人物です。統一協会との関わりの深い世日クラブや天宙平和連合（ＵＰＦ）の講演にもたびたび招かれるなど、深い関係性は明らかです。八木の名で世界日報のサイト内検索をすると一八八件、『Ｖｉｅｗｐｏｉｎｔ』では三一一件がヒットします。この数字すべてが取材に応じた内容や論考の数ではありませんが、深い関係を持ち続けているといっていいでしょう。

八木秀次は、男女共同参画やフェミニズムに反対し、同性婚にも反対しています。加えて、「教育勅語」を肯定し、活用すべしとの意見も持っており、憲法「改正」も論じています。右派研究者として積極的に活動しているといえるでしょう。

高橋と八木の二人は典型的ですが、性教育バッシングに加わった研究者は、右派の政治運動、とくに自民党安倍派の活動に組み込まれながら、自らの右派研究者としてのアイデンティティ、研究者としての立ち位置を確定してきているように見えます。

こうした研究者を、政権政党が「活用」し、政府の審議会や政府が助成している団体の要職に就けていることも問題です。もとより、政権政党の自民党は統一協会と深い癒着《ゆちゃく》関係にあるわけですが、政策的な面で、統一協会の主張、それと共鳴するような主張を、研究者が媒介して、「学説」のような形で広げる恐れもあるということを、指摘しておきたいと思います。こうした研究者が、統一協会と協力関係にある政治家の後押しで、各種の公的機関・検討会などの委員になるのは危険です。審議会、検討会、教育委員などの民主的な選任方法について検討することがあってよいと考えます。

国会議員・地方議員と統一協会の関係が〝ズブズブの関係〟であるとすれば、統一協会とその関連団体と研究者の関係は、〝ベタベタの関係〟（機嫌をとったり、甘えてまとわりついたりする関係）です。研究者にとってベタベタの関係の接着剤は、お金と要職の提供です。そうした関係が築かれていることに警鐘を鳴らしておきたいと思います。

話を戻すと、以上のように、統一協会と関係の深い研究者たちが性教育バッシングを行ってきたということは明記しておきたいと思います。彼らが統一協会の信者であるかないかにかかわらず、統一協会から見たら、自分たちの「新純潔宣言」の方向で世論に働きかける有用な学者たちといえるでしょう。その意味で、これらの研究者たちの立ち位置は、あたかも統一協会の「新純潔宣言」の「先兵」のようにも見えるのです。

2　統一協会は「研究者」をどう見て懐柔してきたか

統一協会の影響下にある研究者の団体として「世界平和教授アカデミー」（以下、「アカデミー」）があります。統一協会の創始者である教祖・文鮮明の提唱で創設されました。一九七〇年代初めに、日本と韓国の学者の間で、数回にわたって日韓教授親善セミナーが開催され、日本、韓国、台湾の研究者が中心となって、一九七三年には「第一回世界平和に関する国際会議」が開催されました。そうした準備期間を通して一三四名の大学教授などが集まって、七四年九月二八日に「世界平和教授アカデミー」が創設されました。東西南北統一運動国民連合や世界平和女性連合などを組織的な土台とする「真の愛を育てる青少年教育」の開催や、第2章でふれた性教育副読本『人間ってすばらしい』などの作成を行い、信者二世の教育なども行っています。

「アカデミー」初代会長には松下正寿（元立教大学総長）を選出。松下は、第五代・六代・七代の立教大学総長、参議院議員（当時の民社党で一期）、世界日報論説委員、宗教新聞社社主、富士社会教育センター理事長などを歴任し、統一協会に大きな「貢献」をした人物です。

クリスチャン新聞編『ドキュメント異端　教会への挑戦』（いのちのことば社、一九八三年）のなかで、松下は、記者のインタビューに次のように答えています。

「参議院議員のとき、久保木さん（統一教会《ママ》会長——当時）から市民大学講座の学長を依頼されたのがきっかけで、キリスト教について思想があったので引き受けた」。「『原理講論』も読み、韓国で講義を受け（た）」（八八ページ）。

これだけでも、統一協会と「アカデミー」が深い関係にあることを松下が明確に認識していたとわかります。「『アカデミー』は統一協会のダミーでは？」という記者の質問には次のように答えています。

「大部分の金を出しているから、関係ないといえばウソになる。関係あるから結構なんで、金は出すが口は出さない。原理がどうとかということは重要ではない。おかしいと思う人の心理状態の方がおかしい」（八九ページ）。

松下は、『原理講論』について韓国で講義を受けていますので「アカデミー」の初代会長に就任する前から統一協会に取り込まれていたことがわかります。「アカデミー」の資金に関するこのコメントは、「アカデミー」が財政的にも統一協会丸抱えの実態にあったことを示しています。

「アカデミー」の活動資金は、ニューヨークに本部がある「国際文化財団」（文鮮明が創設。初代理事長は文鮮明の側近の朴普熙《パクポヒ》）からの援助に多くを負ってきました。「アカデミー」などの研究団体や研究者への対応について、文鮮明が次のように述べています。

「金はそうはいらないよ。多少の賞金をかけてみて、世界の学者達に、原理を研究して合格した人に対し授与すると宣伝してごらん。学者達は目を丸くしてビックリするよ。……優秀なる学者達を前面に立たして、学会を中心にして思想的体系を彼らに発表させるようにさせれば、自然と問題になるんだね。この道を国家的運動まで発展せしめるには如何にするか……そこで文化的活動をする。雑誌や新聞などを知識層を目的にどんどん出版する。そうすると、来るなと言っても自分からやってくるようになる」（『ドキュメント異端』八九～九〇ページ。原典は世界平和統一家庭連合伝道教育局編『み言に学ぶ伝道の姿勢／伝道ハンドブック（第一集）み言編』新装版、光言社、二〇一五年にも掲載）。

金によって影響力を広げ、しかも「統一原理」を研究させるという作為的な意図があったことが示されています。

統一協会は、「アカデミー」の創設と役割について、以下のように、いくつもの文書を残しています。

「世界平和教授アカデミーが創立大会へ――〝統一戦線守護〟のみ言の意味は―メシアの為の基台（文鮮明氏のための組織基盤といった意味）を学会に造成することであり天使長的立場（文鮮明氏に仕え得べき立場）にある知識人を神の摂理の方向に動員することである。……数多くある学術団体の中で、我々のアカデミーを特徴づけるものは摂理性であろう。そのためにも原理の宣布が急がれている」（和賀真也『統一協会と文鮮明』新教出版社、一九八一年、二七四～二七六ページ）

「（「摂理」とは）アダムとエバの堕落によって失われてしまった神の創造目的である本然の姿を

復帰しようとする神のみ心」（前掲書、二七四〜二七五ページ）。
「第二回、国際指導者セミナーへの招待……今年も全国の大学院生をアメリカに招聘しての、国際指導者セミナーが開催されます。……目的─日本の将来の指導者を養成する為にアメリカの実情を見聞し……新しい世界の指導理念として統一思想を学ぶ」（前掲書、二七五ページ）
「学者達は、我々の協助者に立たせる。少なくとも我々に反対しない立場に立たせるのです。─それから、より以上の効果を持ちうるとすれば、彼等、思想界が原理を研究するようになるということです。……なるべくなら統一教会に入会していくということにするのです。それが科学者会議をやる目的なのです」（前掲書、二七六ページ）
これらの文書から明らかなことは、「アカデミー」に研究者を引き入れることで統一協会の傘下に置き、学術文化分野の面から影響を与える活動が期待されているということです。研究者を統一協会と「メシア」すなわち文鮮明のために「動員」することを求めているということです。
具体的に誰が「アカデミー」の会員かは判然とはしません。「アカデミー」の役員・会員はあまり公表されることがなくなっているのです。たとえば、性教育バッシングを繰り返してきた高橋史朗は、「アカデミー」とは、一定の距離を持つようにしている様子もうかがえます。「アカデミー」は、学術団体として報告書や編集書の作成などの集団的なとりくみに重点があるように見えます。高橋、松岡、八木など本書で取り上げてきた研究者は、むしろ個人として、統一協会のフロント組織、メディアなどに、講演や論稿を提供するといった役割を担っているように見えます。

さて、「アカデミー」には「設立趣旨文」があります。二〇二三年三月一二日現在、同団体のホームページは会員以外にはほぼ閉鎖状態となっていますので、以前に公開されていた「アカデミー」のホームページから、「設立趣旨文」を紹介しておきましょう。

設立趣旨文

一九七四年九月二八日

スペングラーが西洋文明の没落を予言し、警告してから半世紀近くなるが、それは今や現実となった。

……

しかし、皮肉でもあり、悲劇的でもあるのは没落の頂点にたち、それの最も深刻な影響を受けているのが西洋自体ではなく、極東にある我が日本であるということである。

……

我々の使命は明らかである。

第一は学者としての本分に鑑み、真理の探求に邁進することである。真理の探求に邁進するとは虚偽と闘うことである。

今日のような世界的危機にはニセ救世主、ニセ予言者、ニセ学者が現われ、世比《ママ》を惑わすのが通例である。我々は学者的良心に従い、敢然として彼らの虚偽、欺瞞《ぎまん》を暴露し、真理への道を示すべきである。

第二は学者としての真理探求への情熱を毫も損なうことなく、人間性の限界を認識することである。

……

ヘブライズムの影響を受けていない東洋には被造物意識はない。しかしそれに代わり人間と自然と一体、又は人間を自然の一部と見る思想があった。我々は西洋から科学思想を取り入れるにあたりこの東洋思想を放鄭《ママ》し、自然を敵視する自然征服の心理を持つようになりそこに自然と人間精神の無制限な荒廃をもたらすことになった。

我々の任務はヘブライズムによる被造物意識と東洋的自然観を調和し、再び大宇宙と和解することである。……真理の探求を通じて大宇宙の心を自らの心にしたいと念願する。

「今日のような世界的危機にはニセ救世主、ニセ予言者、ニセ学者が現われ、世比《ママ》を惑わす」などと、学術団体に似つかわしくない、一方的な決めつけと敵対的な姿勢が目を引きます。しかも「ニセ救世主」「ニセ予言者」という言葉には宗教的なトーンが漂っています。松下正寿、そして文鮮明や統一協会自身の文書で語られていたように「アカデミー」が統一協会の強い影響下にあることを示すものといえるでしょう。

そういう目で見ると、筆者には、この「設立趣旨」が、第1章でふれた「統一原理」と符合しているように見えます。①〝神によってこの世界も人間もつくられた、それは人間に喜びと真の愛を相続させるためだ〟とする「創造原理」、②〝人間は天使とセックスをして堕落した。人間も天使もみな淫行によって堕落した。その人間が悪の子女を繁殖して、悪の家庭と悪の世界をつくったからこの世には不幸が絶えない〟という「堕落論」、③〝堕落した人間の救世主、「メシア」たる文鮮明の「真の愛」に帰依することで堕落前の本然の姿にまで戻ることで救われる〟という「復帰原理」からなる「統一原理」です。「復帰」は具体的には統一協会への入信によって現実になると考えられています。

　では「設立趣旨文」のどういう点が「統一原理」と符合しているのでしょうか。まず、冒頭の「西洋文明の没落」は、統一協会にとっては「統一原理」の軸となる「堕落論」として読めるのではないでしょうか。『西洋の没落』で著名な哲学者シュペングラーの名が引かれていますが、彼の理論などはもちろん一顧だにされておらず、都合よく引き合いに出しただけのように見えます。荒《こう》唐《とう》無《む》稽《けい》の極みのような「堕落論」をここに書き込めば、それだけで学者からは見向きもされないでしょうから、極力そのようなにおいを消すためのレトリックの類でしょう。

　そして、「没落」の「頂点」にあるという日本で、「アカデミー」は「真理を探求」して「ニセ救世主、ニセ予言者、ニセ学者」の欺瞞を暴くこと、そして「人間性の限界を認識すること」が「使命」だと述べています。このくだりは、統一協会から見れば、「堕落」からの救い、すなわち「復帰原理」のための活動ということになるのでしょう。「真理を探求」というのは一見、当然のことと見えますが、統一協会において、「真理」とは、「世俗的な真理ではなく、神様の愛のみ言をいいます。神様の真理は、ある特定の摂理的な人物を通して啓示として地上に伝えられます。神様の真理は絶対真理です」(『文鮮明先生御言選集』一三五巻三四七ページ)といういきわめて特異で宗教的なものです。統一協会から見れば、この「アカデミー」の「使命」に関するくだりは、神＝文鮮明が主張する「真理」なるものを、学問的装いで世間に広げることと捉えられているはずです。だからこそそれは、「ニセ救世主、ニセ予言者、ニセ学者」の「欺瞞を暴露」することにつながるのでしょう。「ニセ救世主、ニセ予言者、ニセ学者」とは、どのような人物か述べられていませんが、統一協会とそのフロント団体に批判的なスタンスをとる人々すべてが、「ニセ者」として非難されていると思われます。

また、「真理を探求」することで、「人間性の限界を認識する」とは、『原理講論』の次のような内容と照らし合わせて考えると、「アカデミー」の設立趣旨文との関係を読み取ることができるのではないかと考えます。

そこでは「人間の堕落を知的な面から見れば、それはとりもなおさず、我々人間が無知に陥ったということを意味するのである。ところで、人間は、心と体と内外両面からなっているので、知的な面においても、内外両面の知を持っているわけである。したがって、無知にも内的な無知と外的な無知との二種類がある」としています。それに加えて「内的な無知とは、宗教的にいえば、霊的無知」であり、「外的無知とは、人間の肉身をはじめとする自然界に対する無知」(『原理講論』第五版、二〇二〇年、光言社、二三～二四ページ）のことといいます。そのうえで「内的無知を克服して内的知に至る道を見いだすべく内的真理を探求してきたのがすなわち宗教であり、外的無知を克服して外的知への道を見いだすべく外的真理を探求してきたのが科学なのである」（同前、二三～二四ページ）などといいます。

少し長い引用をしましたが、ここに書かれていることは、人間は無知なことから堕落をしていくのであり、その無知を克服し、真理を探求するためには、「宗教と科学」が手段となるというのです。そこにある「真理」とは、文鮮明のみ言のことであり、そのことを前提として、「科学」の面を受け持つのが「アカデミー」の役割として捉えられているのが統一協会の統一原理の特異な捉え方になっているのです。そうした位置づけが「設立趣旨文」に書き込まれていると筆者は考えています。

なお、「アカデミー」には「会則」もあります。その第三条には会の「目的」が、また第四条には「活動方針」が次のように記されています。

第三条（目的）　本会は人類の福祉と新文化昂揚《こうよう》のために世界平和理念を確立し、国際的な学術文化の交流と研究者相互の友情を培い、新文化の発展に寄与することにより、平和な世界を築くことを目的とする。

第四条（活動方針）　本会は前条の目的を達成するために次の活動方針を定める。

1　東西文化超克の文明史的課題に挑戦（歴史的使命）

2　国内外の政治的課題の学際的研究と提言（現実的責任）
3　国際教育、研究、技術交流及び協力（国際的奉仕）

この二条にある言葉のうち、筆者が注目しているのは「新文化昂揚」「世界平和」「国際的奉仕」です。

まず、「新文化昂揚」とは、一般的な言葉ではなく『原理講論』にも登場する統一協会独特の用語です。「堕落人間も自由をもって神に対して相対的な立場に立つことができるのであるから、真理のみ言に従って、神と相対基準を造成し、授受作用をするようになれば、その原理的な愛の力によって、創造本性を復帰することができる」（『原理講論』一二八ページ）とされ、そうした状況をめざして、「アカデミー」の会則では「新文化昂揚」の方針が掲げられていると読めます。統一協会にとっては、神＝文鮮明の「真理のみ言」に従うことでつくられる世界が、「新文化」だということです。

次に「世界平和」ですが、統一協会によれば、「平和な世界は、『神様の下の人類―家族世界』」と規定されています（「世界平和統一家庭連合公式サイト https://ffwpu.jp/about/peace-symbiosis 二〇二三年一月四日閲覧）。「血分け」の「教義」について第1章でふれましたが、それはまさしく文鮮明夫妻を「真のお父様、お母様」とする家族像を土台にするもので、個人が人としてかけがえのない尊厳を持ち、両性の合意によって結婚が成立する現代の家族のあり方とは真逆のものでした。「神様の下」で人類が一つの家族となるというこの「世界平和」なるものは、個人の尊厳とジェンダー平等が蔑《ないがし》ろにされた家族像であり世界像だといっていいと思います。たとえば、文鮮明や彼の家族の指示にしたがって、信者が自己破産するまで教団に寄付をしたり、詐欺まがいの商法で一般市民を食い物にしたりするような営みが、「世界平和」だということになりますから、言葉の本来の意味とは真逆といっていいでしょう。

「国際的奉仕」は、統一協会にとっては、世界各国でのボランティア活動もありますが、郡部においていわゆる〝嫁不足〟がいわれる韓国で、信者を獲得するために、日本人女性が集団結婚式による国際結婚をし、共同生活を送ることが多くなっていることなども指しています。驚くべきことに、「アカデミー」はこうした〝花嫁派遣〟活動を、理論的に直接後押ししているのです。

「日本の統一教会は……宣教の対象を若者に絞り込むことにした。一九六四年に小宮山嘉一を会長として全国大学連合原理研究会が創立され、大学生・青年の伝道が活発化した」（櫻井義秀、中西尋子著『統一教会　日本宣教の戦略と韓日祝福』北海道大学出版会、二〇一〇年、八九ページ）なかで、合同結婚式も二〇〇〇年代まで行われており、在韓日本人の女性信者が約七〇〇〇人、男性は約三〇〇人とされています（前掲書、はじめに、xvi）。女性信者の多くが韓国人のもとに嫁いだといわれています。これらの花嫁が献金を持参し、過酷な労働を強いられる農業に就労することも多かったというのが実態です。日本は韓国を植民地として支配した国家であるのだから、韓国のために奉仕しなければならないので、韓国の花嫁不足問題を解決するために女性を送り込むことは当然であるという統一協会の教義に基づいた方針があります。こうした統一協会の方針を「アカデミー」は

「国際的奉仕」活動の一つとして後押ししていると推測されます。

以上のように「アカデミー」は、統一協会にとって、研究者を組織し、「統一原理」のために動員するという目的をもったフロント組織だということができます。統一協会にとって、研究者の利用価値は特別で、次のような課題を期待しているように見えます。

第一の期待は、学術分野において「統一原理」の影響を広め、研究者を統一協会の下に組織するという点にあると思われます。統一協会は、宗教と政治を統一し、全世界の制覇という野望を持って活動をしていますが、その目的のために、政治、経済などとともにイデオローグ（理論やイデオロギーの形成者）の養成を重視し、それを学者・研究者に期待しているといえるでしょう。たとえば本章前半などでも見た性教育バッシングは、一部研究者がそういう役割を発揮した事例の一つです。「大学教授」「学長」などの肩書きの力や社会的影響力によって、統一協会のうさんくさい主張であっても、ハクをつけて浸透させるという「効果」もあるでしょう。その先には、統一協会に近い研究者が審議会や政策立案に関わる機関・会議などに参加・関与するという期待もあるでしょう。

また、第1章で述べたように、『原理講論』の子ども向け解説冊子である『人間ってすばらしい』にも監修者として世界平和教授アカデミー議長だった（当時）福田信之をはじめとした研究者が名を連ねています。このような形で統一協会の二世教育と信者獲得のために貢献することも期待されているのでしょう。

「アカデミー」の季刊誌『世界平和研究』には、たとえば、子どもの福祉分野の研究者が数多く執筆しています。統一協会にとっては、子ども・家族の福祉に関心をもって取り組んでいる団体であることをアピールする効果を発揮することになっています。矢吹晋・横浜市立大学名誉教授が提供された『世界平和研究』の寄稿者リストを見ますと、子ども・家族福祉の分野からの同誌への寄稿者は、二一八号（二〇一八年夏秋季号）～二二七号（二〇二〇年秋季号）の一〇号のなかで、一一名（一五回の掲載）となっています。結果的には「アカデミー」を権威づけ、まじめな活動をしているかのように装うことに「利用」されている面があるといわざるを得ません。このような役割を研究者が担わされている現実があることに注意をしたいものです。

第二に、「大学教授」さらに「学長」、「理事長」の肩書きによって、統一協会系組織の社会的信頼を高めることがあげられます。東西南北統一運動国民連合、世界平和教授アカデミー、日韓トンネル研究会など、統一協会のフロント組織の役員・会員には、研究者・文化人が名前を連ねてきました（最近は、社会的批判を警戒して表立って名前を公表しない傾向もあるようです）。

「アカデミー」の会員になっている研究者は、「アカデミー」が統一協会のフロント組織であることを問題ないと考えているのでしょうか。研究者自身が自己点検し、「本会の趣旨に賛同」（「アカデミー」会則第六条）した会員であるのかを再確認することが大学教授、研究者には求められているのではないでしょうか。「改むるに憚《はばか》ること勿《なか》れ」です。研究者としての矜持（自信と誇り）を持ち続けたいものです。

なお、「アカデミー」の事務所所在地が統一協会関連の団体の集合ビルとなっています。所在地

図　東京・新宿にある成約ビルの入居団体

5F	UPF-Japan、平和大使協議会
4F	真の家庭運動推進協議会、 一般財団法人国際ハイウェイ財団、日本純潔同盟、 世界平和宗教連合、孝情教育文化財団、宗教新聞社、 統一思想研究院
3F	世界平和統一家庭連合東京同胞教会
2F	世界平和教授アカデミー、世界平和青年学生連合、 平和統一聯合、 アジアと日本の平和と安全を守る全国フォーラム、 日韓トンネル推進全国会議
1F	(セミナールーム)

は東京の新宿五丁目にある成約ビルです。このビルの概要、主な入居団体は上図のとおりです(二〇二二年八月現在)。

＊

統一協会と関係の深い研究者、あるいは学術分野での統一協会のフロント組織がどのような主張と行動をしているのかを考えてきました。いずれも、統一協会本体とは〝無関係〟を装いながら、同じような主張をすることで、結果的には彼らの主張を世間に広げる役割を果たしているといえます。

フロント組織、あるいは統一協会と関係が深いものの表向きは社会的に評価がされやすい体裁の研究者の存在は、統一協会から見れば非常に使い勝手のいいものだともいえるでしょう。統一協会の外側にいて(中には統一協会信者となった研究者

も いる)、しかし統一協会の主張と共鳴し合い、あるいは統一協会に協力してくれるのですから。第1章で、統一協会のフロント組織は、統一協会にとってファイアー・ウォール(防火壁)の役割を担わされているという点を指摘しましたが、それだけでなく、統一協会やその主張が、人々に浸透していくことを支援する役割ももっているのです。

こうした存在は、統一協会本部を核にして、各分野がネットワークを形成して、発信と活動をすすめています。性教育バッシングにおいても、フロント組織の機関紙等でもキャンペーンを張り、研修会・講演会なども組織してきたのです。あらためて統一協会とフロント組織への関心と批判の眼を持ち続けることが求められています。

図「統一協会のフロント組織と企業一覧」(本書二一五ページ)に、政治分野、学術分野、教育分野、出版、宗教分野など、各分野における統一協会のフロント組織などを示しました。統一協会とフロント組織がどのような目的を掲げて策動を行っているのかを意識して把握しておきたいと思います。

フロント組織は団体の名称を変更したり、一般的なサークルの装いを凝らしたりして人々に近づいてきます。研究者には原稿や講演依頼で近づいてくることもよくある接触の仕方です。「統一協会系の団体とは知らなかったので引き受けた」というのは言い訳になりません。こうした「罠《わな》」にはまらないためにも関心を持ち続けたいものです。

終章　統一協会問題の今後

統一協会の反社会的行動

統一協会への批判的な世論が形成される中、二〇二二年一二月一〇日に「被害者救済新法」が成立しました。しかしこの法律が本当の意味で被害者を救うことになるのかについては疑問も残ります。それとは別に、宗教法人解散命令請求に向けての動きが具体化されつつありますが、二〇二三年四月の時点でその先行きはまだ見えてはいません。

おそらく、こうした状況のもとで統一協会は、生き残りのための手立てをとってくると思われます。

統一協会の反社会的行動が多くの人々に知られるようになった最初は、一九六七年に社会問題化した「原理運動」です。大学生などが、各地の大学で統一協会のつくったサークル「原理研究会」に入会し、やがて学業そっちのけで原理研の活動にのめり込み、あるいは行方不明になってしまうといったことが相次ぎました。原理研は学生の悩みや社会・将来への不安・問題意識にこたえるかのように装って勧誘し、次第に「統一原理」などの内容を教え込む活動をしていたのです。「3デイズ」「7デイズ」などと称する合宿では、ろくに睡眠もとらせず洗脳的なやり方で「統一原理」を信じ込ませ、やがて「ホーム」と呼ばれる彼らの施設で共同生活をさせられるようになっていきます。

被害学生は、街頭でのアンケートや募金活動に駆り出され、「集団結婚」をさせられることもありました。「親泣かせの原理運動」などと報じられ社会問題化しましたが、原理研の策動はその後も長く続き、一部の大学では多くの資金を使って宣伝物を大量配布したり、学生自治会を乗っ取ろうとする動きも起こしました。

やがて一九八〇年代になると、「霊感商法」に社会的な批判が集まりました。さまざまな心配事に悩む人に、「霊視してみたが先祖のたたりだ」「これを買えば運気がよくなる」などと巧みにふきこんで、壺や仏像、印鑑、さらには宝石や毛皮、絵画などを原価の一〇～数百倍にものぼる価格で購入させる詐欺商法です。全国霊感商法対策弁護士連絡会によれば、その被害額は把握できただけで一二三七億円といわれます。

この時期、「集団結婚式」に有名なタレントやスポーツ選手などが参加したことも物議をかもしました。第1章で述べたように、統一協会のマッチングによって決められる結婚であり膨大な集金機能を持つ「集団結婚式」は彼らの「教義」とも関わるイベントですが、その異様さと有名人の参加は、彼らの策動の広がりを示して社会に衝撃を与えたのです。教団が結婚相手を決めるなど、人権無視もはなはだしいとの批判が強まったのは当然でした。

集団結婚した両親から生まれた子どもは、「祝福二世」と呼ばれ数万人いるといわれます。出生時より信者として扱われ、洗脳合宿にも参加させられ、あらかじめ信者として養成するプログラムが組まれているなど、人格を無視した深刻な人権侵害を受けています。

一方、統一協会は子どものいない信者に、子を持つ信者との間で私的な「養子縁組」を行うよう推奨することもしてきました。教団によると、一九八一年以降、七四五人の養子縁組を行いました。

「養子縁組あっせん法」（二〇一八年四月施行）は養子縁組のあっせんは都道府県知事らの審査・許可が必要ですが、同法施行以降の縁組も三一件あることがわかっています。

こうした統一協会の反社会的行為を十分に取り締まることは日本ではできていません。被害者救済新法に求められたのは、統一協会の被害の中心であるマインド・コントロール下で行われている献金を禁止する法律になるかどうかでした。しかし、「寄付に際して」「不利益を回避するため寄付が必要不可欠なことをつげ、困惑させてはならない」との要件は、統一協会に寄付をさせられている信者が、マインド・コントロールによって自発的に寄付をしている場合にはあてはまりません。つまり被害実態に合っておらず、救済の範囲を狭めているのです。

「自由な意思を抑圧し」「適切な判断をすることが困難な状態に陥ることがないようにすること」との配慮義務が盛り込まれましたが、「配慮義務だけではほとんど役にたたない」のが実際で、「禁止規定」が必要との指摘も当然のことです。再発防止のための実効性あるものに修正すべきです。

フランスは政教分離を厳格な指針としている国で、二〇〇一年に制定された「セクト規制法」はこの国のカルト対策の姿勢を示しています。同法には、セクト（カルト）の構成要件として次の一〇項目があげられています。これらの項目のひとつでも該当すれば、セクト（カルト）とされる可能性が大きいといわれています。

①精神の不安定化
②法外な金銭要求（献金など）

③元の生活からの意図的な引き離し（住み慣れた生活環境からの断絶）
④身体に対する危害（身体的保全の侵害）
⑤子どもの強制的な入信（子どもの囲い込み、強力に教化する）
⑥反社会的な説教
⑦公共の秩序を乱す行い（公序良俗の錯乱）
⑧重大な訴訟問題（裁判沙汰の多さ）
⑨通常の経済流通経路からの逸脱（高額な物品販売など）
⑩公権力への浸透の企て
（「反社会的宗教団体を法規制〝10個の基準〟とは？　フランス「反カルト法」は日本でも可能？　FNNプライムオンライン」参照）

同法は、マインド・コントロールで判断力を奪う行為を処罰の対象としています。「無知脆弱《ぜいじゃく》性不法利用罪」（セクト規制法二〇条により、刑法典の「人を危険にさらす罪」の章に新設された犯罪）という犯罪を導入し、個人だけでなく団体も処罰の対象としたのです。同法は刑法典二二三―一五―二条に次の規定を加えることになりました。

「未成年者に対して、もしくは年齢、病気、身体障害、身体的欠陥、精神的欠陥または妊娠状態のため、著しく脆弱な状態にあることが明白な者または行為者にそれが認識される者に対して、もしくは重大または反復した圧力行為または判断を歪めうる技術の結果、心理的または身体的服従状態にある者に対して、その者に重大な損害を与えうる作為または不作為に導くために、その者の無知または脆弱状態を不法に利用することは、3年の拘禁刑および375000ユーロの罰金に処せられる」という内容です（小泉洋一「フランスにおけるセクト対策と信教の自由――セクト対策の10年間を振り返って」『甲南法学』四六巻四号、二〇〇六年三月、八六ページ）。

こうした法的規定があれば、脆弱な人たちだけではなく、マインド・コントロールによって心理的または身体的服従状態にさせられてしまった人をも対象としてとりしまることが可能となるかもしれません（紀藤正樹『決定版マインド・コントロール』アスコム、二〇一七年、二〇六ページ）。

統一協会の反社会的行動に、当然ながら多くの批判が湧き起こりました。文鮮明は一九九七年に教団の名称変更を指示しましたが、その背景には名を変えることでこうした批判をかわそうとする狙いもあったのではないでしょうか。日本では、被害者らから「正体隠しにつながる」「新たな被害が出る」との懸念が噴出、監督官庁である文化庁（文部科学省）も教団の申請を受理しませんでした。

しかし第二次安倍政権下の二〇一五年、下村博文文科大臣の時に名称変更申請が受理され、統一協会は「世界平和統一家庭連合」と名称を変更しました。文化庁がなぜ従来の判断を変更して申請を受理したのか、明確な説明はありません。安倍元首相の影響があったのではないかと指摘されており、自民党あるいは下村氏には答える責任があります。

統一協会が政治家、とくに政権党の政治家とズブズブの関係になるのは、自らへの便宜を図ってもらうためであるとの指摘もジャーナリストからなされています。また、「はじめに」でふれましたが、二〇二二年夏の参議院選挙で問題になったように、統一協会が、選挙候補者と「推薦確認書」を取り交わし、それが事実上の「政策協定」としての意味を持っているという問題もあります。政治を歪める政治家と統一協会の癒着《ゆちゃく》にメスを入れる必要があります。

しかし、自民党の態度は⁉

しかし、肝心の政権政党は、統一協会への自らの対応に関して腰が据わっているとはいえません。半世紀に及ぶ統一協会との癒着、とりわけ安倍政権のそれの解明は不可欠の課題となっています。

そのためには、まず国会をはじめ地方議会においても、統一協会とそのフロント組織との関係を断ち切ることが前提条件です。自民党は二〇二二年一〇月二五日の総務会で、党所属国会議員に対する「社会的な問題がある組織・団体との関係見直しを求める行動指針（ガバナンスコード）」の改定を正式決定しましたが、ここには「関係を断つ」などの表現は盛り込まれていません。「活動の社会的相当性が懸念される組織・団体」から政治的な影響を受けることやその組織・団体の活動を助長するといった誤解を招く行動は「厳に慎む」との規定にとどめています。

岸田首相は、「関係を断つという方針を徹底する」と強調するのですが、たとえば統一地方選挙の立候補者の選定・公認は、「各都道府県連が指針に基づいて判断することになる」、つまり党本部は関与しないといいました。これでは何を言っても〝絵に描いた餅〟です。

一方で二〇二二年後半以降、統一協会と政治家の癒着追及に逆行するような陳情が、全国の自治体に出されています。提出者はいずれも個人で、陳情の主題は、「民主主義・立憲主義の基盤である思想・良心の自由、請願権等を守る為の陳情」とされています。

各地で出されているにもかかわらず、文書の内容は酷似しており、統一協会の組織的な関与の可能性が指摘されています。「1　○○区及び○○区議会において特定の宗教法人及びその関連団体（ただし、反社会的団体との法的根拠がある団体は除く）との関係を遮断する内容の宣言・決議をしないこと　2　○○区及び○○区議会において区議会議員を含む公人及び私人に対し、特定の宗教に対する信仰の有無を問うたり、その団体との関係を調査・質問したりしないこと」などを求める文面だからです。陳情書の発信元はいずれ明らかになると思いますが、被害者救済新法の成立や教団の解散命令を求める動きの急展開が、統一協会にとっては脅威になっていることが背景にあるかもしれません。

統一協会の反社会性の根源には何があるのかという点については、さらなる研究が待たれるところです。それは単に「教祖」とされる人物の個人的な問題に限定されることではないでしょう。「宗教」の仮面をかぶりながら反社会的行動を拡大させてきた、謀略的ともいうべきこの集団の特徴を、社会的、政治的な側面も視野に入れて検討する必要があります。それは本書の課題ではありませんが、読者には、統一協会の出自、来歴についても知ってほしいと思っています。

キリスト教牧師の和賀真也や宗教研究者の浅見定雄、日隈威徳らによる、統一協会の本質を衝く研究が出版されています。それらによれば、日本が朝鮮半島を植民地にして支配していた一九二〇年に、現在の北朝鮮に位置する平安北道の農家の次男として生まれた文鮮明（本名は文龍明）は、暴虐な支配を行う日本に対する反発を強める一方、青年時代に、混淫派と呼ばれた、教義と性行為を結びつけた宗派の牧師に弟子入りしています。その牧師・金百文とは、和賀によれば、「聖なる意識のこもった性交によって人を救う『聖神神学』というもの」（『統一協会と文鮮明』新教出版社、一九八一年、二五九ページ）を掲げていました。和賀は統一協会側の極秘内部資料「歩みこられし主の道」のなかに、「大先生（文鮮明――引用者）は金百文の弟子に入られ心をこめて尽くされた」とある記録を発見しています。

「統一原理」の「血分け」儀式は、この弟子入り体験に根差したものと見られています。したがって、「血分け」儀式を織り込んだ集団結婚式も、ここに淵源《えんげん》があるといえるでしょう。このようないかがわしい集団が「新純潔宣言」を標榜するのは、第1章でもふれたように自己矛盾といえます。

日本での策動と反共主義

文鮮明は一九五四年五月に、ソウルで「世界基督教統一神霊協会」＝統一協会を設立します。日本にはじめて統一協会が伝えられたのは一九五八年のことです。この年の七月に、ソウルの統一協会から崔翼翔《チェポンチュン》（日本名・西川勝）が派遣され密入国ルートで日本に上陸、逮捕されるという経緯もあったといわれています。西川は韓国軍の諜報部員であったともいわれています。

一九六四年、統一協会は東京都知事の認証で単立宗教法人となっています。この頃から、各地の大学に原理研究会がつくられ、大学生を標的とした「布教」活動を始めました。その結果は、すでに述べたように、若者の中に深刻な被害となって表れました。

一方、一九六八年に国際勝共連合が結成され、統一教会は反共活動を強めていきます。反共とは共産主義に反対することとされますが、統一協会の場合、共産主義への理論的批判というよりも、文鮮明の中に感情的な反発があったことが背景にあったように見えます。彼は、その「教義」に基づく混淫事件をたびたび起こし、一九四六年に北朝鮮で逮捕され、朝鮮戦争で侵攻した米韓軍によって刑務所から出されたということもあり、強い反共意識を持っていたといわれます。そして一九六〇年代、反共軍事独裁政権だった韓国政府が、文に目をつけ反共の国民運動を組織する手足として使うようになった経緯を日隈威徳が明らかにしています（『統一協会＝勝共連合とは何か〈新装版〉』新日本出版社、二〇二二年、七二〜八一ページ）。

文鮮明は、一九七四年、演説のなかで「共産党員を撃ち殺せ」「反対するものはスターリンの粛清のような手段できれいに整理してしまう」などと、驚くべきことを述べています（和賀前掲書、二五四ページ）。

このような、反共主義を濃く持った文鮮明の政治的バックボーンが、その後の統一協会と日本の右派の政治家との結びつきにつながっていきます。「国際勝共連合」の日本支部の設立の後ろ盾になった一人が、当時自民党内で絶大な権力を持っていた岸信介元首相でした。

統一協会のフロント組織のなかでも最も政治的で激しい行動をするのが国際勝共連合です。一九七〇年代以降、彼らは選挙で狂信的ともいえる共産党攻撃や謀略的な宣伝をたびたび行い、自民党を助けてきました。また、国際勝共連合は、現在まで一貫して、反共とともに「憲法の改正」、再軍備などを主張し、自民党と共同歩調をとってきました。統一協会と政治家の癒着といわれる問題には、このような経緯もあったのです。

反社会的行動の背景にあるこうした統一協会の出自、来歴については、様々な問題を考えさせられます。悲劇的な被害を繰り返さないため、こうした問題を広く国民の中で共有し考えていく必要を感じています。

家庭教育支援法・条例の制定運動

統一協会は自らへの批判的な世論が高まってきたときに、その矛先をそらそうとして、新たな「運動」を始めることがあります。現在、統一協会系の団体が「運動」の課題としているのが家庭教育支援法、家庭教育支援条例の制定です。同条例は現在、県段階で一〇自治体、市町村の段階で六自治体で制定されています。

家庭教育支援法は、自民党が法案をつくり制定をめざしてきたものです。二〇一八年に法案が国会に上程されようとしたこともありました。統一協会のほか、「日本会議」のような右翼的団体も後押ししています。家庭の教育力の低下を根拠に、家庭教育を支援する施策の推進を目指し、国や学校、地域住民の責務や役割も盛り込もうとしています。第一次安倍政権下で二〇〇六年に成立した改正教育基本法が、「保護者は、子の教育について第一義的責任を有する」とし、国や地方自治体に「家庭教育」の支援施策に努めるよう定めたことが背景にあります。

しかし同法案をめぐっては、「家庭教育の支援」の名の下に、特定の固定的な家族像に誘導し、親や家族の「あるべき姿」を方向づけるねらいがあるとも指摘されています。統一協会や日本会議などの団体が構想する復古的な家族・地域・国家のヒエラルキーの構造を危惧《きぐ》する声もあります。さらに子どもを権利の行動主体としてリスペクトすることが問われているのに、相変わらず管理の対象にしようとしていることも大きな問題です。「家庭教育の支援」といえばきこえはいいのですが、こうした問題が指摘され条例案が撤回された自治体もあります。

地方の条例の例として紹介すると、岡山県の「家庭教育応援条例」は次のようになっています。

第一条（目的）　この条例は、家庭教育の支援について、基本理念及びその実現を図るために必要な事項を定め、家庭教育を支援するための施策（中略）を総合的に推進し、保護者が学び、成長していくこと及び子どもが将来親になる選択をした場合のために学ぶことを促すとともに、子どもの健全な成長のために必要な生活習慣の確立、自立心の育成及び心身の健やかな発達に寄与することを目的とする。

第二条（定義）　この条例において「家庭教育」とは、保護者（親権を行う者、未成年後見人その他の者で、子どもを現に監護するものをいう。以下同じ。）が、その子どもに対して行う教育をいう。

条例の目的を示す第一条においても「保護者が学び」とは何を学ぶのか、保護者は子どもにどんな教育を行うのかが明確ではありません。これでは家庭教育の内容が、行政や知事の考え方によっては、恣意的なものになる可能性があります。

「岡山県家庭教育応援条例」という名前から、困難を抱えている家庭への支援やコロナ禍に対応するオンライン教育環境の整備など、家庭教育を応援してくれるものではないか、と思うかもしれません。しかし、その実態は「親として成長していくこと」「子どもが将来親になるために学ぶこと」を目的にしています。多様でプライベートな私たちの「子育て」や「家庭生活」に一律の価値観を押し付け、介入するのではないかという懸念が生じるのは当然です。

*

統一協会の解散命令請求は必要不可欠です。政府・文科省は質問権を行使し、統一協会の側が違法行為を裏づける新たな事実を答えない場合でも、判決などで統一協会の法令違反は明らかです。速やかに解散命令請求に踏み切るべきです。

〔補足資料２〕年表１　統一協会とそのフロント組織による策動、協力者・自民党の動き、それらの策動に抗した動き

浅井春夫作成：2023年4月17日

	旧統一協会とそのフロント組織の動き	協力者たちの動き（国会議員等、研究者、マスコミの動向を中心に）、自民党の政策動向、地方議員や団体の動き、統一協会の政策的影響	統一協会への批判、性教協などの性教育・ジェンダー教育関連の研究運動団体による運動
1920年１月６日（陰暦）	文鮮明が、現在の「北朝鮮」に、７人兄妹の５番目、次男として生まれる。戸籍上の本名は文龍明。		
1939年～1943年	文鮮明19歳の時、日本に渡り1943年に帰国。1940年２月11日、「江本龍明」と創氏改名。41年４月「江本龍明」の名で、早稲田大学付属早稲田高等工学校電気工学科（夜間）に入学。43年10月卒業後すぐに帰国する。		
1954年５月３日（公式的には５月１日）	文鮮明が韓国で統一協会を創設。それに先立って、53年には文龍明を文鮮明に改名。ソウル北鶴洞391において「世界基督教統一神霊協会」を設立する。最初の会長	1955年に自由民主党の結成。立党時に策定した公式文書の一つ「党の使命」で「現行憲法の自主的改正」を掲げており今日まで一貫した党是である。	

	は李昌煥（後に脱会）		
1958年	統一協会が日本に伝えられた。7月ソウルの統一協会から日本派遣宣教師として崔翼翔（日本名：西川勝）が密入国ルートで入国したが逮捕、大村収容所に収監。韓国軍諜報部員ともいわれている。その後、再び逮捕され、国外退去を条件に釈放される。	西川の釈放には、笹川良一らの尽力があったとされている。笹川は、与党・自由民主党の黒幕といわれてきた人物。国粋大衆党総裁、国際勝共連合名誉会長（のちに辞任）、衆議院議員、財団法人日本船舶振興会（のちの公益財団法人日本財団）会長を歴任。	
1959年10月２日	伝道をともにした４人の信者とともに、はじめて聖日礼拝を行い、事実上の日本統一協会が設立された。		
1960年代初頭	日本の各大学・地域で「大学生の自主的な活動として」「原理研究会　」（CARP：Collegiate Association for the Research of Principles）が組織される。		
1960年	第１回合同（集団）結婚式（３組）。		
1961年	第２回合同（集団）結婚式（33組）。		
1963年	10月４日　世界基督教統一神霊協会、韓国政府（文教部）から財		

	団法人の認可を受ける。文化観光部宗教課に登録された公式名称は「世界基督教統一神霊協会有志財団」。		
1964年	日本で世界基督教統一神霊協会が宗教法人として認証される。久保木修己会長就任。各地の大学に原理研究会を設立。教祖・文鮮明が提唱する“統一原理”を研究する団体として「全国大学連合原理研究会」(Japan Carp) が発足し、全国の各大学の学生サークルである「原理研究会」が加盟。	• 全国大学原理研究会本部を東京・渋谷区南平台（岸信介邸敷地内）に移転。当初から、自民党との親密な関係にある。 • 7月4日、アメリカで韓国統一協会を宗教団体として正式登録することが認可される。機関紙発行が始まる。	
1966年	5月、韓国において教理解説書『原理講論』の初版を刊行。		
1967年	• 7月7日付の朝日新聞（夕刊）で、「親泣かせの『原理運動』」と取りあげられ、社会問題化。 • 10月、日本で『原理講論』刊行。しかしこの日本語版は韓国語版から四十数か所、3800字余り、「韓国こそイエスが再臨する国で		• 9月17日、信者となった子どもたちの親が「原理運動対策全国父母の会」を結成。教団に、9項目の要望を申し入れるが無視される。 • 『朝日ジャーナル』（9月24日号）で「原理運動の学生たち」を特集。

	ある」「世界の文明は韓国を中心として吸収融合されねばならない」「必ずなければならない第三次世界大戦で世界が統一される」などの叙述が削除、改竄されていた。世界は第三次世界大戦を経て、政治面では韓国を中心として、宗教面では文鮮明と統一協会を中心として統一される旨の記述があるが、この部分は日本語版に訳出されず隠蔽されてきた。		
1968年	国際勝共連合を1月に韓国、4月に日本で創設。自民党の元首相岸信介、笹川良一、児玉誉士夫らが発起人となる。反共政治活動を本格的に始めることによって自民党政治家とも友好関係を築いていく。	国際勝共連合の日本の初代会長は久保木修己（統一協会の初代会長）、名誉会長には、戦後政界のフィクサーと言われた日本船舶振興会（現・日本財団）の会長を務めた笹川良一および児玉誉士夫など。	
1970年	・4月、京都府知事選で国際勝共連合が露骨な反社会性を持った反共謀略集団としての姿を公然化した。自民党にとって国際勝共連合が役に立つ存在であることを認識		11月2日、徐南同「統一協会は現代の神学と無関係」（朝鮮日報）

	させる契機となった。 •10月、集団結婚式（777組）は日本の若者が最初にまとまって参加した式であり、235組が日本人。		
1971年	韓国と日本で経済活動を本格化（韓国では、統一協会はビジネス宗教団体と認識されている）。		
1973年	•「国際勝共新聞」を「思想新聞」に改題。 •勝共連合が自由社会を守る1万人大集会を開催。		
1974年	9月28日（世界平和教授アカデミー（学術分野）を創設。会長には松下正寿（元立教大学総長、参議院議員〔1期〕）を選出。機関誌『世界平和研究』『知識』を発行。	5月7日、帝国ホテルで「統一協会・勝共連合」主催の「希望の日」晩餐会の開催、教祖＝文鮮明も出席。この晩餐会の名誉実行委員長が岸信介、福田赳夫蔵相は祝辞で「アジアに偉大な指導者あらわる、その名は文鮮明」と称える発言をしている。	福田発言から4年後、1978年4月3日、参院予算委員会で日本共産党の橋本敦、内藤功両議員が統一協会＝国際勝共連合との関わりと政治責任を問うている。橋本議員「統一協会と深い関係を持ち指示、激励してきた政府・自民党の責任は重大だ」という質問に、福田首相は「勝共連合が反共を旗印にし、そういう点に着目して自民党と勝共連合が協力的側面を持っ

			ておったということは理解願えると思う」と答弁。内藤議員の「手を切ると言えないのか」に、「これと縁を絶てということは申し上げかねる」と福田首相は明確に答えている。
1975年	文鮮明の指示により統一協会と国際勝共連合が出資して、一般紙を目標に1月1日に、日刊紙「世界日報」創刊。1946年に創刊された同名の新聞（産経新聞の前身の一つ）の名称を継ぐ形で、創刊された。		4月、韓国のキリスト教5団体が「統一協会はキリスト教ではない。文鮮明は偽物の再臨イエスだ」「若い世代を性的に刺激し、誘惑で導く、キリスト教とは無縁のサタンの御用団体」と声明。 5月、キリスト教団体の韓国指導者協議会も同様の声明。
1976年	朝日新聞5月25日付、文鮮明へのKCIAの援助について報道。	9月11日、文鮮明がマンハッタンセンターを買い入れ（200万ドル）。	12月、アメリカのカトリック、プロテスタント、ユダヤ教の聖職者代表者会議が「統一協会はナチの初期をまねた欺瞞的で抑圧的な全体主義で……キリスト教の基本原理とは全面的に矛盾する異端である」という声明書を公表。
1977年	•77年2月14日、統一協会が	•77年、文鮮明がアメリのビル	•78年11月13日、原理運動の

～1983年	KCIAとの接触を認める。見解発表「弾圧され理解得るため」。 •79年8月、統一協会がアフリカ進出し、三十数か国に進出。 •81年10月15日、米連邦大陪審が文鮮明を脱税で起訴。 •82年7月16日、脱税で文に懲役18月の判決。 •82年10月8日、ソウルで集団結婚式に1万人の参加者、日本からは最多の3000組の出席。	を買入。ティファニーの建物。 •79年7月、統一教は異端なのかの論争加熱。	活動に対して「憂慮する会」の結成。 •79年5月、統一協会で作った商品不買、韓国教会対策委員会。 •83年9月14日、脱税嫌疑で文鮮明に米法院が抗告棄却。 •83年12月29日、統一協会を前幹部が批判。
1984年	年頭標語に「祖国創建」を掲げる。「祖国」韓国で国際勝共統一十字軍を結成。日本人メンバー124名も参加。		『朝日ジャーナル』（12月14日号）で「原理運動追及第5弾　地方大学浸透の手口を暴く」を特集。
1985年	この頃、霊感商法が本格化。	スパイ防止法案の提出。第102回国会で自由民主党所属議員により衆議院に議員立法として提出されたものの、第103回国会で審議未了廃案となった法律案。通称は「スパイ防止法案」。	『朝日ジャーナル』（4月5日号）で「『原理運動』追及第7弾 私たちは教会員だった」で、手記6本を所収。 朝日ジャーナル編『原理運動　追及ルポ』朝日ブックレット。
1987年	•「霊感商法」への社会的批判の		•全国霊感商法対策弁護士連絡会

	波が押し寄せる。1990年代には社会問題となるのを避けるために、統一協会の資金調達方法は信者からの献金を吸い上げる方法へと変化していく。とくに壮婦をターゲットに、高額献金を募る方法へ転換していく。そうしたやり方の結果として信者“家族の崩壊”が問題化することに。 • 統一教会（ママ）広報部編『トゥルーラブ―真実の愛をつかんだ女性たち』（光言社、1987年）を出版。集団結婚を宣伝。		（全国弁連）の結成。 • 元信者が洗脳に対する慰謝料請求「青春を返せ！」訴訟を提起。 • 中曽根首相の所信表明演説（第109回国会、参議院本会議）について、佐藤昭夫議員（共産党）が「自民党は勝共連合と手を切ると明言するか」と質問したが、「これは思想と行動の自由に対する重大な侵犯発言である」と拒否回答。
1988年	4月、東西南北統一運動国民連合の創設。大学関係者を各都道府県の委員長とする全国組織として発足。大学教授、名誉教授、元学長など47名が名前を連ねている。議長・福田信之。事務総長・太田洪量（その後、国際勝共連合代表に）。	• 東西南北統一運動国民連合の主な講師として、高橋史朗、小田晋（当時・筑波大学教授）、木村治美（当時・共立女子大学教授）、深谷昌志（当時・静岡大学教授）。 • 2月28日、世界日報が登録申請。	日本の『キリスト教年鑑』1988年版を最後に、統一協会とその関係人名簿を削除。
1991年	• 文鮮明が北朝鮮の金日成主席と会談、経済協力の約束。	• 11月16～22日、世界日報記者が集団辞職。統一協会色が露骨	全国霊感商法対策弁護士連絡会には、統一協会による霊感商法の被

	• この年は湾岸戦争で始まり、年末にはソビエト連邦が崩壊した。冷戦後のアメリカ合衆国は、中東での軍事介入を継続した。	で客観性を保障できずが理由。 • 12 月 1 日、文鮮明、北朝鮮の訪問。経済協力などを協議。6 日、北朝鮮と統一協会の共同声明を発表、7 日には経済協力などで金日成北朝鮮主席と文鮮明が合意。	害相談が殺到していた。91 年だけで約 1800 件、被害額は約 92 億円だった。
1992年	• 統一協会が 6 行の「新純潔宣言」を打ち出す。その 6 行に続けて「私たちは、現在すすめられようとしている『性教育』—性解放思想に基づく性器・性交・避妊教育—には反対します」と方針を明示し、性教育推進への対決姿勢を宣言したのであった。 • ソウルで合同結婚式（6000 組）。日本から 2000 人参加。中曽根康弘（当時は元首相）が合同結婚式に祝辞。 • 統一協会・金丸信と文鮮明会談、「北東アジアの平和を考える国会議員の会」との懇談を理由に文鮮明の入国の特別許可。3 月 26 日	• 高橋史朗「小学校の『性交教育』これでいいのか」（『週刊文春』1992 年 6 月 11 日号）で「性交教育」を連呼、「第三の性教育」を提唱するが、結局は純潔管理教育の主張に終始。さらに「性教育元年　自慰のススメと革命のススメ」（『文藝春秋』9 月特別号）で「性教育は思想教育」と攻撃。 • 7 月 1 日、合同結婚式に歌手の桜田淳子が参加表明。 • 8 月 25 日、桜田などが参加した合同結婚式がソウルで開催される。 • 朝日新聞（4 月 18 日）が、金丸信への独占インタビューを朝刊に掲載。「金丸自民党副総裁イン	• 2023 年 4 月 6 日に韓国外務省が公開した外交文書で、1992 年 3 月の文鮮明の入国特別許可に関して、米国で実刑判決を受けて本来は日本に入国できないのだが、金丸信自民党副総裁（当時）が便宜を図り特別に許可されていた経緯が明らかになった。 • 3 月 31 日、文鮮明の入国に抗議。被害者父母の会など。 • 7 月 7 日、憂慮する会が「集団結婚式は非人道的行為」の声明。 • 8 月、不動産担保の謝金などで 74 億円の被害総額（霊感商法対策弁連調べ、91 年分）。 • 1992 年はいわゆる「性教育元

	～31日まで“超法規的措置”で入国し、統一協会信者集会に出席、霊感商法企業も訪問。「事前に提出した予定表にない行動」（法務省担当者）を許し、「政府みずから統一協会や霊感商法にテコ入れをした」との強い批判を浴びた。 • 8月26日、統一協会批判番組の放映後、TBSに無言電話3万件。27日以降も連日2万件の無言電話が続いた。 • 東京ドームに5万人（主催者発表）を集めて「世界平和女性連合」と「アジア平和女性連合」（創設から6年）が合同で集会を開催（韓鶴子総裁がゲストスピーカー）。 • 11月6日、金丸信の関与が疑われていたが、自民党6議員も文鮮明の特別入国を法務省に要請。	タビュー〈要旨〉」で「教祖は北朝鮮を訪れ、金日成主席と会っている。日本に入国できないというので、私が便宜を図ってもらえるように法務省にかけあった」ということを明言している。自民党がここまで統一協会を擁護し、日本での策動の露払いをしてきたことはきわめて深刻な事態であった。 ※性教育・ジェンダーフリー分野において1990年代前半は、研究者などに代弁させて、「性教育推進」への攻撃を仕掛けているのが特徴。それをマスコミが追認報道の構図。	年」（学習指導要領の改訂に伴って小学校5・6学年の「保健」の教科書が使用され始め、小学校5学年の理科で「人の発生や成長」などの性に関する指導が加わる）ということで、マスコミなどで注目が集まる。
1993年	『原理講論』の子ども普及版『人間ってすばらしい』（東西南北統	• 統一協会発行の月刊誌『新天地』（93年4月号）で高橋史朗が	• 性教協研究局「〈緊急特集ブックレット〉時代と子どものニーズ

	一運動国民連合、1993年）の発行。 ・清水博（世界日報記者）「このままでいいのか 性教育！」（『ムーニズム』93号、1993年夏号、全国大学原理研究会発行）。性教協「第11回全国夏期セミナー」（神戸市）の開会に際しては、「共産主義者が団結の歌として歌う『インターナショナル』を流した」、「性教育に便乗して共産主義イデオロギーの押し売りをしている」とデマの乱発（38ページ）。	「今の家庭崩壊は必然的に起こった」という特異な論を展開。 ・「学校保健ニュース」編集局長・井坂弘毅「エイズを防げるのは純潔教育だけ」（『Ideal family：理想家庭』８月号）。「性教育は学校に侵入したエイズそのもの」（29ページ）。 ・松岡弘（大阪教育大学教授・当時）「“コンドーム教育”を排す！新・純潔教育のすすめ」（『正論』1993年８月号）。「結婚まで純潔を守る人は、そうでない人よりも幸福な結婚ができます」（197ページ）という脅し教育を展開。 ・1993年 安倍晋三、第40回衆議院議員選挙で初当選（山口１区、現在４区）。	に応える性教育を―会員の手による著作・出版活動の自由への攻撃に対して―」を会員向けに発行。 ・性教協「〈緊急特集ブックレットⅡ〉新純潔教育の動向」会員向けに発行。 ・山崎浩子が統一協会脱会の記者会見。「マインドコントロール」が流行語に。 ・浅井春夫編著『時代と子どものニーズに応える性教育――統一協会の「新純潔教育」総批判』（あゆみ出版、1993年８月）。 ・1993年11月３日、「新純潔教育とは何か―時代と子どものニーズに応える性教育への攻撃に抗して」集会（戸山サンライズ、300人参加）。浅見定雄、山口広、有田芳生、萩原遼、山本直英などの弁士。ビデオ上映「性教育過激派の狙い」勝共連合作成（高橋史朗解説）。

1994年 ～1995年	• この頃、統一協会が欧州で勢力拡大。布教をめぐるトラブルも起こる。 • 1995年、統一協会が地域で活動を活発化。東京の世田谷区成城では住民が「阻止の会」。	• 国際勝共連合作成のビデオ「性教育過激派の狙い」（ビデオ解説で高橋史朗が全面的に登場）を作成（作成の年月日は不詳）。ビデオの最後は、性教協メンバーが作成した性教育の副読本、教師向け参考書を焚書して終わる。 • 95年、新宗教ブームのなかで、オウム真理教がロシアで急拡大。ソ連崩壊後の若者の精神状態や将来への不安の広がりが背景に。 • 95年9月、アメリカのブッシュ元大統領夫妻、日本統一協会後援行事に出席。 • 95年12月、改定宗教法人法の運用について課題多し。	• 性教協の部内資料「統一協会系の策動を暴く――社会的犯罪とマインド&ボディ・コントロールの事実」（『週刊金曜日』に執筆した浅見定雄、浅井春夫、伊東良徳、郷路征記の論考を収録。1994年7月）
1996年	東西南北統一運動国民連合が『家庭時代の新純潔教育』を出版し、世界平和統一連合などと性教育攻撃のための講演会を地域から組織。		• 5月、統一協会の合同結婚式について、婚姻の無効を最高裁も支持。 • 12月17日、信者の家族らでつくる「父母の会」が女性信者の南米行き反対の陳情。

1997年頃	前川喜平元文部科学事務次官によると、同氏が宗務課長だった1997年頃に統一協会から名称変更の相談があった。その際、「教義など団体の実体に変化がないと名前は変えられないと伝えた。役人は前例を重んじる。その後も同様の理由で断ってきたはずだ」と証言。「政治的圧力があった可能性が高い」と指摘（しんぶん赤旗、2022年7月20日）。	12月1日、アメリカ統一協会合同結婚式で、歌手のホイットニー・ヒューストンが祝宴公演取り消し。	•“人間と性”教育研究協議会代表幹事会編『統一協会 ボディコントロールの恐怖―「新純潔教育」の正体』（かもがわ出版、1997年8月）。 •合同結婚式に反対の親らが省庁の担当者を招き、統一協会への対応をただす。
1998年	•国際勝共連合、日本共産党攻撃ビラの全国配布。 •4月、統一協会関連団体が長野五輪会場で「祝福式」を企画。 •12月13日、日本統一協会の初代会長、国際勝共連合の初代会長であった久保木修己死去。		
1999年	集団結婚式193か国で3億6000万組（あくまでも統一協会の発表）。	8月、文部省著『学校における性教育の考え方、進め方』（ぎょうせい）を発行。学習指導要領における“はどめ規定”として小学校	•献金勧誘活動の違法性が明確にされた最高裁判決。 •6月、男女共同参画社会基本法の制定。

		〔第５学年〕の理科「Ｂ生命・地球」の内容の取扱いのなかで「人の受精に至る過程は取り扱わないものとする」（『小学校学習指導要領』1998年、105ページ）が突然導入。また『中学校学習指導要領 解説 保健体育編』（1998年）の〔中学第１学年〕において「妊娠や出産が可能となるような成熟がはじまるという観点から、受精・妊娠を取り扱うものとし、妊娠の経過は取り扱わないものとする」（227ページ）と書かれている（注１）。	
2000年		2000年の第２次森内閣で安倍晋三が内閣官房副長官に就任。	2000年９月14日、「青春を返せ」訴訟で原告が初めて勝訴。広島高裁判決。
2001年	11月25日および26日付の「世界日報」に、山谷えり子議員（国家公安委員長在職中）は、夫婦別姓制度に反対する国会議員の連続インタビューで登場。	９月以降、政府主導の男女共同参画社会づくり（その基本法や基本条例を含む）に対する攻撃が始まる。	1987年３月に、元信者が札幌地裁に「青春を返せ訴訟」（精神的自由を奪われたと告訴）を提訴。各地で同様の訴訟が行われ、全国で献金勧誘や勧誘強化活動の違法

			性を認める判決が相次ぐ。
2002年	山谷えり子「禁欲教える価値観こそ必要」(「世界日報」02年10月31日号)、「フリーセックスを奨励する」「過激な性教育が選択の余地なく行われている」(同紙02年11月4日号）と過激な性教育の強調。	• 5月29日の衆議院文部科学委員会において、当時民主党所属の山谷えり子議員は、小・中学校に広く配布されていた性教育小冊子副教材『ラブ＆ボディ BOOK』を取り上げ、避妊用ピルに関する記述が偏向し不適切であると質問。「セックスをあおっている」「ピルをすすめている」と質問。それを受けて遠山文部科学大臣が「中学生にここまでというような気がしないでもございません」と答弁。8月には本冊子を絶版とし、在庫は回収という措置。 • 6月、山口県宇部市で男女共同参画基本法や女性差別撤廃条約の本旨に反する男女共同参画推進条例を制定。 • 千葉県松戸市のジェンダーフリーの「ふりーせる保育」について、山谷議員が質問。福田康夫官房長	

		官が「行き過ぎはよくない」と答弁。 • 産経新聞は2002年頃から紙面や自社系論壇誌『正論』において「過激な性教育・ジェンダーフリー教育」を糾弾する論調を強める。 • 9月、「日本女性の会」設立。「日本の家族を守る」運動を展開。 • 各地の地方議会において男女共同参画条例や両性の平等教育、性教育に対する批判や攻撃が展開される。山口県宇部市、千葉県の男女共同参画条例へのバッシングが目立った。 • 12月16日付産経新聞で「米国で禁欲教育ひろがる」の記事、同24日付「北区の小学校　小5に過激性教育」、同26日付「コンドーム装着を実習　大阪・豊中市立中6校」。	
2003年	国際勝共連合の「2003年度運動方針」(「思想新聞」1月1日号)	• 2月〜、産経新聞の過激性教育キャンペーン。	•「全国統一教会被害者家族の会」の発足。

	で「共産主義者は青少年の堕落を誘うべく過激な性教育を学校に持ち込んでいるばかりか、はきちがえた『男女共同参画』論を行政に持ち込み伝統的な家庭観と男女観潰しに奔走」。	・高橋史朗「『男女共同参画』性的自立・『自己決定権』の名の下に社会解体を目指す新たな教育革命運動を断固阻止しなければならない」（「『理想はフリーセックス・同性愛！』過激な性教育の背景を暴く」『正論』2003年4月号、271ページ）。 ・7月2日、都議会で質問した都議会議員・土屋敬之（当時民主党所属、2009年に党を除籍）は、授業内容を「世間の常識とかけ離れた教育だ」と批判し、都教委に「毅然とした対処」を要求。東京都知事・石原慎太郎も「異常な信念を持って、異常な指導をする先生というのは、どこかで大きな勘違いをしている」と答弁。 ・7月4日に七生養護学校事件。 ・7月23日には土屋が代表、古賀・田代の2名が副代表を務める「日本の家庭を守る地方議員の会」	・8月29日、合同結婚式の強要について2審も違法と認定。統一協会に賠償命令。 ・浅井春夫・北村邦夫・橋本紀子・村瀬幸浩編『ジェンダーフリー・性教育バッシング―ここが知りたい50のQ&A』（大月書店、2003年）。

		が都議会議事堂において「不適切な性教育教材展示会」を開催した。 • 9月、安倍晋三が自民党幹事長に就任。	
2004年	国際勝共連合「2004年度運動方針」（思想新聞1月1日号）では「過激な性教育やジェンダーフリー等の共産主義思想の浸透および策動を阻止し、その克服をめざす」と、運動方針のトップに位置づけられている。 各年で、4億組が集団結婚（あくまでも統一協会の発表）。	• 有田芳生は自身のTwitterに《どうしてこんなに明々白白のウソが言えるんだろうか。山谷えり子さんは統一教会の重点候補でした。長い長い付き合いがあることは、多くの信者たちが証言しています》《2004年の参議院選挙。統一教会は山谷えり子さんを西日本の組織だけで支援しましたが、10年には全国の組織で応援。内部文書にはそれも書かれています》と投稿（注2）。 • 8月26日、都教委通知「『ジェンダー・フリー』という用語の使用に関する見解」及び「『ジェンダー・フリー』にかかわる配慮事項について」発出。	• 2月26日、合同結婚式についての損害賠償請求訴訟で敗訴が確定。 • 12月、七生養護学校に対する都教委らの介入に対し、東京弁護士会に人権救済の申し立てを行う。申立人には8000名を超える市民が参加。 • 他の地域の訴訟でも「青春を返せ！」訴訟で原告勝訴の最高裁判決。 • 都教委の8.26通知に対して、“人間と性”教育研究協議会の見解を表明。①一方的な解釈による用語の使用禁止はあってはならない、②男女混合名簿の作成禁止は明白な教育内容への不当介入であると表明。

2005年	• 9月12日、天宙平和連合（UPF: Universal Peace Federation）の創設（創設者は統一協会の教祖の文鮮明と妻の韓鶴子）。機関紙として月刊ニューズレター『平和大使』を発行。本部はアメリカのタリータウン（ニューヨーク州） • 10月、天宙平和連合の創立記念広島大会開催。安倍晋三は同大会にメッセージを送った。	• 3月4日、参議院予算委員会で論議が再燃する。この時は自民党の議員になっていた山谷は、いわゆる「ジェンダーフリー教育」を取り上げ、「ジェンダーフリー」および「ジェンダー」という用語の公的な領域での使用を禁止すべきと提案。 • 5月10～30日、自民党では、安倍座長、山谷えり子事務局長を中心に「過激な性教育・ジェンダーフリー教育実態調査プロジェクトチーム」を立ち上げて、アンケート形式で調査を実施。協力依頼文には「今、教育現場では学習指導要領を無視した教育の暴走があります。自民党は『過激な性教育・ジェンダーフリー教育実態調査プロジェクト』を立ち上げ。「皆様の身近で行われている子供たちへの不適切な教育の実例をおよせください」という内容（注3）。	1月24日、東京弁護士会は、生徒の学習権及び教師の教育権を侵害する重大な違法があるとして、人権侵害が著しい場合に出される「警告」を発した。東京弁護士会人権擁護委員会が法律に則り人権侵害を認定し、その是正を求める画期的なもので、警告、勧告、要望などのなかで、「警告」は人権侵害行為に対する最も重い措置である。 警告書は「性教育が不適切であることを前提とした都教委の教材の保管継続行為も、同じく教育の自由を侵害する違憲違法の疑いがきわめて強いものなので、すみやかに同校に返却して、2003年7月3日以前に行われていた性教育への原状回復がなされるべきです」と明確に述べている。

		・5月26日には八木秀次らをパネリストに迎え、萩生田光一を責任者とする「過激な性教育・ジェンダーフリー教育を考えるシンポジウム＆展示会」が開催される。古賀が七生養護学校の性教育授業が中止されるまでの経緯について報告。	
2006年～2007年		・安倍晋三官房長官が天宙平和連合（UPF）のイベントに祝電。 ・06年9月、第一次安倍内閣発足（2007年9月まで）。国家像として「美しい国」を提示。12月には、懸案だった教育基本法改正で「家庭教育」の条文の新設。防衛庁の省昇格を実現。	霊感商法対策弁連が結成（1987年）されて以降、同会の調査によれば、全国の消費者センターや弁護士会に寄せられた2007年までの累積被害総額は1024億4720万425円に達すると公表。
2008年	教団の公式発表では、1960年から今まで37回にわたり国際合同結婚式が挙行され、祝福にあずかったカップルは30億組を優に超えるとされる（櫻井義秀『霊と金：スピリチュアル・ビジネスの		七生養護学校の金崎元校長は処分取り消しを求めて都教委を提訴。2月25日、東京地方裁判所は処分理由である教員定数の虚偽報告について「事実とは認められない」とし、その他の処分理由も重

	構造』(新潮新書、2009年)。		すぎるとして行政の裁量権の乱用を認定、原告の請求を認める判決を言い渡した。都教委はこの判決を不服として控訴。
2009年	統一協会が「コンプライアンス宣言」。法令を遵守し、公序良俗に反することがないことを教団が責任を持って指導する姿勢を宣明。ただしそれ以降も献金を強要されるなどしたケースは60件以上あり、係争中のものも含め、総額は少なくとも7億9000万円に上る(全国霊感商法対策弁護士連絡会発表)。		• 3月12日に東京地裁で七生事件の判決。「都議らの行為は政治的な信条に基づき、学校の性教育に介入・干渉するもので、教育の自主性をゆがめる危険がある」として3都議の視察に際しての発言や行動に問題があったと指摘。都教委の処分については「教育内容の適否を短期間で判定するのは容易ではなく、いったん制裁的な取り扱いがされれば教員を萎縮させて性教育の発展が阻害されかねない」として行政の裁量権の乱用を認定。しかし教材の返還については認められなかった。 • 警視庁公安部が統一協会傘下の有限会社「新世」を摘発。

2012年 ～2013年	2012年9月、「教祖」文鮮明が死去。	• 2012年4月、「親学推進議員連盟」結成。設立時の会長は安倍晋三、会長代行は高木義明、副会長は町村信孝、伊吹文明、河村建夫、中曽根弘文など、幹事長は鈴木寛、常任幹事は山谷えり子、有村治子、事務局長は下村博文。 • 12月、第2次安倍内閣発足。経済成長戦略は「アベノミクス」と称される。 • 2012年、熊本県で家庭教育支援条例を制定（全国初）。 • 2013年、鹿児島県で同条例制定。 （その後2014年～2022年に8県で制定）	2013年11月28日、最高裁判所第一小法廷で、「こころとからだの学習」裁判の原告被告双方の上告を棄却。都と都議3人に控訴審判決額の賠償を命じる司法の最終判断の確定。
2015年	• 世界平和統一家庭連合に名称変更を文部科学省が認証。 • 国際勝共連合の青年学生遊説隊「ユナイト」が発足。2016年には全国各地で遊説活動を活発化。 • 2017年、勝共ユナイトが改憲	• 名称変更には下村博文文科大臣（当時）の関与が疑われているが、2023年4月現在は確認されていない。 • 市段階では家庭教育支援条例を2015年石川県加賀市、長野県千	

	大会を開催。	曲市、2016年和歌山市、鹿児島県南九州市、2017年愛知県豊橋市、埼玉県志木市で制定。	
2019年～2021年	•2020年2月7日、集団結婚式を清心平和ワールドセンターにて開催。60か国以上から約6000人が参加。	•2019年3月、東京都教委編「性教育の手引」から、16年前の七生養護学校で行われていた性教育を「不適切」とする文言が削除される。 •2021年9月12日、世界平和家庭連合と天宙平和連合（UPF）が共同開催した「THINK TANK 2022希望の前進大会」に、トランプ元大統領ならびに安倍元首相がビデオメッセージを送る。 •2021年9月16日、安倍内閣総辞職。連続在職日数は2822日、通算在職日数は3188日（8年8か月）と、いずれも歴代最長を記録。	
2022年		7月8日、安倍元首相、奈良市での選挙演説中に銃撃され死亡。統一協会信者である母親が約1億円の献金をして破産し家庭が破綻し	全国弁連によると、統一協会の霊感商法による被害総額は、1987～2021年の35年間で、1237億円に達している。

		たことを恨んだ者の犯行。	

注１）1998年の学習指導要領改訂で小学校５学年の「理科」で、いわゆる“はどめ規定”が導入されたが、その理由の説明は記されていない。その前段で「人は、母胎内で成長して生まれること」（104ページ）を学習課題としているが、卵子と精子の受精があって人の最初の細胞である受精卵が誕生することの説明に“はどめ”をかける理由はまったく不明。同様に、中学校１学年の「保健体育」でも「妊娠の経過は取り扱わないものとする」（227ページ）という規定が説明もなく導入されている。

そもそも学習指導要領は、すべての児童生徒に対して指導する必要がある内容を示している「最低基準」にすぎず、そこに示されていない内容を加えて指導することもできる、とされる。「はどめ規定」の内容に関しても、学校で指導することが可能なのか。NHKの報道（「学校の性教育で“性交”を教えられない『はどめ規定』ってなに？」2021年８月26日「NHK首都圏ナビ」放送）に対して、文科省の担当者からは「『はどめ規定』の内容についても、各学校でその必要性があると判断すれば、指導することはできる」との回答が示され、学校内で性に関する指導を行う場合は、次の４点に留意することを求めている。

- 児童生徒の発達段階を考慮すること
- 学校全体で共通理解を図ること
- 保護者や地域の理解を得ること
- 集団指導と個別指導の内容の区別を明確にすること

経緯を知ろうと、文科省に対して行政文書の開示請求を行ったが、文科省の担当者は「はどめ規定が記載されるまでの経緯の詳細を示す文書はございません」という返事だった。はどめ規定の導入経過を説明する文書（議事録など）がないことは大きな問題である。

文科省は、「幼稚園、小学校、中学校、高等学校及び特別支援学校の学習指導要領等の改善について（答申）」（2008年１月17日）において「現行学習指導要領において、「（…の）事項は扱わないものとする」等と定める、いわゆる「はどめ規定」は、これらの発展的な内容を教えてはならないという趣旨ではなく、すべての子どもに共通に指導するべき事項ではないという趣旨であるが、この点の周知が不十分であり、趣旨が分かりにくいため、記述の仕方を改める必要がある」（50ページ）と述べている。

注２）https://twitter.com/aritayoshifu/status/1554699242052222977　https://twitter.com/aritayoshifu/status/1554809632253775874　2022年８月５日閲覧。

注３）この調査で「約3500の実例」があったとされているが、分析・検証で確認できている事実は、少なくともこれまで自民党プロジェクトチームが集約してきたアンケート集計からは「行き過ぎたジェンダーフリー教育」「過激な性教育」について、さしたる事実は確認できずにおり、蔓延などしてないことが明らかになっている。それにもかかわらず、2005年12月９日には「男女共同参画基本計画改定に当たっての要望書」が、自由民主党の過激な性教育・ジェンダーフリー教育実態調査プロジェクトチームから提出されている。

年表２　2022年夏以降の動向

	統一協会およびフロント組織と自民党の接点・癒着などについて	社会、政府、国会議員、行政の動向	統一協会問題に取り組んできた政党、団体、個人の動き
2022年８月	• ９月に選挙が実施される沖縄県知事選に、自民党と公明党の推薦を受けて立候補する佐喜眞淳候補が2019年〜21年にかけて計８回も関連イベントに参加していることが判明。 • 世界日報社は沖縄についても発信をしており、沖縄の「保守」政治家や右寄りの大学教授を紙面に登場させている（渡名喜守太「思潮2022」沖縄タイムス、８月24日）	• ８月10日、内閣改造。岸田首相は統一協会との関係を断つとアピール。 • 自民党政調会長の萩生田光一は統一協会のフロント組織のイベントであいさつをしているのに、「誘われた会合。（教団と）承知のうえで付き合っているのではない」と釈明。「関係を断つ」とは明言せず。 • ８月23日、訴訟資料から文化庁が教団活動状況を、09年までに９回聴取したことを確認。宗務	８月２日、日本YWCA会長 藤谷佐斗子、総幹事 山本知恵名で、「安倍晋三元首相の『国葬』に強く反対します」の表明。

		課として「問題意識は常に持っていた。法的に許容される範囲で何らかの対応が必要であると考えた」と説明。	
8月27·28日		「国葬に賛成ですか」に、賛成41%、反対50%。「政治家は統一教会との関係を断ち切るべきか」の質問に対して、「断ち切るべきだ」は82%、「その必要はない」12%。「自民党は断ち切れる」は16%(朝日新聞、8月29日)。	「山際経済再生相が統一協会の文鮮明も参加したイベントに出席をしていたという新疑惑」(しんぶん赤旗、8月27日)。
8月31日	朝日新聞の取材に対して、少なくとも24の友好団体があるとしている。教団の創始者が創設した団体で、「同じビジョンを共有している団体」と定義している。日本統一協会の田中富弘会長は、10日の会見で「独立した活動を展開」「会員や資金獲得などの為ではない」と強調している。	「相次いで発覚している統一協会と国会議員の関係は、教団が『友好団体』と主張する団体が接点になっている場合が多い。教団とは別団体とされているために、教団との直接の関係を否定する国会議員も多い」。	全国霊感商法対策弁護士連絡会は8月24日、独自に「友好団体」を確認して、70以上の団体やイベント名、発行物などを「統一協会関連団体リスト」としてウェブサイトに公表した。
9月	統一協会系団体が「家庭教育支援法」の法制化を地方で陳情。神奈	• 8月26日の閣議で安倍元首相の国葬経費として予備費から2.5	

	川県では2018年の時期に、計23の市町村議会に同様の意見書を求める陳情が出される。「家庭教育支援法」は安倍政権下で自民党が法制化をめざし、2017年に与党で法案を了承したが、公権力の家庭教育への介入を招くと野党が反発し棚上げとなっている（東京新聞、9月3日）。	億円の使用を決定。しかし結果的には12億円（概算）を支出した。最終的に16.6億円と報告。 • 安倍元首相の国葬。FNN調査（9月17・18日、電話調査）で反対62.8%、賛成31.5%。 • 7月10日の参院選直後の内閣支持率は63.2%（共同通信調査）。国葬の表明後（8月末）に51%、国葬後の10月には35%に落ち込んでいる。	
9月4日	• 自民党146人（党所属国会議員の38%）に統一協会との接点が明らかに。山谷えり子の名前あり（共同通信のまとめ）。その他の政党では、日本維新の会15人、立憲民主党14人、公明党3人、国民民主党2人、参政党1人、無所属3人。 • 朝日新聞社による全国の国会議員、都道府県議、知事を対象に統一協会との接点をアンケート調査。	• 統一協会と自民党との癒着は、国政とともに地方政治にも深刻な影響を与えている。北海道の第2の都市である旭川市で統一協会と日本会議上川協議会が家庭教育支援条例の制定をめざして、2020年8月に「旭川家庭教育を支援する会」を立ち上げている。自民党の東国幹衆議院議員が会長、市長が顧問、道議2人が副会長と事務局長、市議10人が幹事に就任し	『サンデー毎日』（9月11日号）で「宗教2世が明かす旧統一教会の正体」の記事（ジャーナリスト・鈴木隆祐取材）。「信者の親は自宅を除いて総額1億円以上を統一協会に献金」「韓国の“聖地”で『悪霊を追い出す』と体中を叩かれた」などの悲惨な実態が語られている。

	国会議員150人、都道府県議は290人で、ともに8割を自民党が占めた。知事は7人（朝日新聞、9月4日）。	ていることが判明（しんぶん赤旗、9月4日）。 ・下村博文議員の政治資金パーティ券を、国際勝共連合の会計責任者と同じ名前の人物が2012～14年に複数回購入していたことが判明。15年には下村議員が文科大臣の時代に、統一協会の名称変更を申請し認証を受けた（前掲）。	
9月8日	自民党が衆参両院議長を除く党所属国会議員379人と統一協会との関係の調査結果を発表。何らかの接点があった議員は179人に達し、会合でのあいさつなどの一定の関係を認めた121人の氏名を公表した。茂木幹事長は記者会見で調査結果を受け止め、統一協会と「今後、一切関係を持たない」と表明。しかし故安倍元首相や細田衆院議長は対象外だった。	9月14日、2年前に設立された「旭川家庭教育を支援する会」は臨時役員会をひらいて、解散した。統一協会との関係が明らかになり、解散に追い込まれたのである（しんぶん赤旗、9月18日）。	・日本大学の岩井奉信名誉教授は、「旧統一協会が自民党に深く食い込んでいたことはわかったが、調査不足と言わざるを得ない」と指摘。また地方議員にも対象を広げる必要があるとし、「安倍氏と統一協会との関係も過去にさかのぼって調べない限り、この問題の解決はなく、国民も納得しない」と語った（東京新聞、9月9日）。 ・結果的に全容解明にはほど遠いと多くの新聞各社が指摘しているところである。

			•日本共産党の「統一協会問題追及チーム」は8月に脱会した元信者たちからオンラインでのヒアリングを行う。さまざまな名目で献金は約1500万円に上る。2009年の統一協会の「コンプライアンス（法令順守）宣言以降も、正体を隠しての勧誘、高額献金は続いている現状を確認している。
9月20日	山際経済再生相は、2018年に「統一協会」が主催するイベントに参加していたと明らかにした。16年に関係団体がネパールで開催した国際会議や19年に都内で開いた会合にも出席している。	茂木幹事長が記者会見で「時機を見て、追加報告を集約して報告したい」と、あらためて対応することを明言した。山際大臣の場合、証拠を突きつけられるまで、「事務所資料は1年で廃棄」と弁明し事実を語る姿勢は微塵もなかった。	旧統一協会を含む宗教に入信した親のもとで「宗教2世」として育てられた人たちに信仰を強制するのは「宗教虐待」と法規制を求める声を上げ始めている。6万3000人の署名を集約。
9月22日～30日	•参院選公示を4日後に控えた6月18日、萩生田経済産業相（当時）は八王子市内の教団の教会（150人集合）に生稲晃子候補をともなって訪問。信者に生稲候補を紹介（朝日新聞、9月22日朝	•細田博之衆院議長に対して自民党内から、統一協会との関係について説明を求める声が上がり始めた。教団との関係では、2019年の統一協会の関連団体のイベントであいさつする動画が明らかにな	•政府（内閣官房、警視庁、消費者庁、総務省、文部科学省、厚生労働省）は、9月5～30日を「『旧統一教会』問題相談集中強化期間」として電話相談の受付体制を設定。

	刊)。 •「自民　点検漏れ次々」木原誠二・官房副長官、山際経済再生相、今村雅弘・元復興相、平井卓也・元デジタル相、山本朋広・元防衛副大臣などがぞろぞろ。	っている。自民党の「点検」も、議長だからという理由で、対象外とされている。 • 9月27日、安倍元首相の国葬を実施。 •29日、細田議長、統一協会との接点を認める文書公表。会合に4回出席。安倍首相銃撃事件から2か月してようやく認める。	• 9月28日、「宗教2世」への信仰の強制や進路選択の制限は「宗教虐待」として、国に対策を求める7万655筆の署名と陳情書を、「高橋みゆき」の名前で宗教2世たちが厚労省や文科省に提出。
10月1日	朝日新聞が、統一協会や関連団体との接点を自民議員12人追加報告。接点があった議員は1人増えて、180人に。氏名を公表している議員は4人増えて、180人となった(朝日新聞、10月1日)。		
10月3日	•旧統一協会関連団体による地方議会における「家庭教育支援条例」の制定をすすめる動きが活発化。 •朝日新聞調査で岸田内閣不支持50%、支持40%、「安倍元首相は調査すべきだ」64%(朝日新聞、10月3日)。	•10月3日、岸田首相の所信表明演説で「旧統一教会との関係については、国民の皆様の声を正面から受け止め、説明責任を果たしながら、信頼回復のために、各般の取組を進めてまいります」。 •細田議長の説明「不十分」74%	

	•10月3日からの臨時国会以降、野党が国会で統一協会問題を連日追及。	(朝日新聞、10月3日)。	
10月7日、10日、11日	「家庭教育支援法」の制定を求める意見書が、全国各地の地方議会で採択されている。意見書は7日までに全国34の地方議会で可決されている。	10日、内閣支持率続落 最低の35%。	•10月7日、日本外国特派員協会で「2世信者」の小川さゆりさん（仮名）が会見を行い、統一協会の韓国本部から献金被害などのお金を取り戻すために国際的な協力体制をお願いしたいという要望。 •10月11日、全国霊感商法対策弁護士連絡会が旧統一協会の宗教法人としての解散命令を請求する申し入れ書を、永岡文科大臣、葉梨法相、甲斐検事総長宛に提出。「質問権」とは、法令違反などの疑いがある場合、宗教法人に報告を求めたり、法人関係者に質問ができる権限。
10月14日～31日	霊感商法などの対策を議論してきた消費者庁の有識者検討会が近く取りまとめる提言の方向が見えてきた。宗教法人法に基づいて調査す	•20日、自民党と統一協会との「政策協定」が交わされていた事実が報道された。 •24日、統一協会との関係を問	27日、統一協会やエホバの証人の信者を親に持つ宗教2世たちが記者会見で信仰の下に行われる虐待の実態を訴え、国会で権利侵害

	るように所轄庁に求めるほか、消費者契約法で定めた契約の取り消し期間の延長なども盛り込む方向になっている（東京新聞、10月15日）。	われた山際大志郎経済再生大臣が辞任。	を救済する法整備を政府に求めた。全党、岸田首相、厚労大臣に提出を準備。
11月1日～30日	17～24日　練馬区、大田区、川崎市、さいたま市の4議会に、「特定の宗教法人及びその関連団体との関係を遮断する内容の宣言・決議をしないこと」などを求める陳情が相次いで提出。また11月18日付で八女市議会への陳情は、久留米家庭教会の「信徒代表」が提出者となっていた（朝日新聞、12月12日）。	• 8日、岸田首相が被害者救済に向けた新法について今国会への提出に最大限の努力を行うことを表明。公明党も合意。 • 9日、「報告徴収・質問権」行使の基準に、統一協会は合致すると永岡文科大臣が表明。 • 20日、寺田稔総務大臣が政治資金問題で辞任。 • 22日、文科大臣が質問権行使、回答期限12月9日。	• 24日、統一協会による被害者救済に取り組む「全国統一教会被害対策弁護団」が200人超で設立。 • 26日、性教育・ジェンダーフリー教育へのバッシングを考える「今、振り返る『七生事件』」（元七生養護学校「こころとからだの学習」裁判支援の会主催）を開催。「包括的性教育推進法ネットワーク」の提起。
12月1日～31日	• 統一教会の説明では1981年～2022年5月までに745人の養子縁組が行われた。しかし2018年4月に施行された養子縁組あっせん法は、無許可での仲介事業を禁じているが、厚労省の調査に対して31件の養子縁組があったこと	• 10日、統一協会（世界平和統一家庭連合）問題で、悪質な寄付勧誘規制を柱にした被害者救済法が成立。同法に関してはマインドコントロール下での寄付の規制では配慮義務規定に「十分に配慮」が盛り込まれた。	• 7日、当事者として情報発信を行うことを目的に「宗教2世問題ネットワーク」を設立。 • 10日、被害者救済法が参院本会議で成立。 • 27日、厚労省が宗教を背景にした児童虐待に関するガイドライ

を報告（5日、読売新聞オンライン）。

• 16日、富山市議会「断絶」決議に、統一協会信者が取り消し求め提訴。

• 16日、埼玉県春日部市議会は宗教法人法に基づく統一協会の解散命令を直ちに裁判所に請求するように、岸田首相らに求める意見書を提出。

• 統一協会で集団結婚式をした両親から生まれた「祝福2世」と呼ばれる信者2世が約5万人いることが関係者の証言でわかる（しんぶん赤旗、12月19日）

• 共同通信社は11月に全国の都道府県議、知事、政令指定都市市長の統一協会との関係のアンケートを実施。その結果を12月4日に発表。「接点」があった都道府県議では334人で自民党が8割。知事は13人、市長は9人。自民

• 10日、臨時国会が閉会。

• 14日、統一協会に対して、文科省は第2回目の「報告徴収・質問権」行使。

• 毎日新聞の12月17・18日に行われた調査では内閣支持率は25％で、政権発足以来の最低を記録。また不支持率は69％と、11月の調査より7％も増加している。

• 27日、秋葉賢也復興大臣が辞任し、後任に渡辺博道元復興大臣が3年ぶりに復活。ともに平成研（岸田派）に所属しているため、派閥にとっての大臣数は変わっていない。

• 全国地方議員研修が2015年以降、国会の議員会館などで6回開催され、統一協会のフロント組織の幹部が関わっていたことが判明。

• 15日、岸田首相は衆院予算委員会で、4月の統一地方選までに統一協会と自民党の地方議員との

ン案を提示（Q&Aで説明する「宗教虐待ガイドライン」の提起）。全国の自治体などに通知。宗教2世らは、恐怖で子どもの行動を強制したりする行為を「人生選択の権利を侵害している」と指摘し、心理的虐待のひとつとして明確に定義することを厚労省に要望している。

	党は国会議員に調査したが、地方議員は実施していない。家庭教育支援法及び条例の制定などの動きも見ることができる。	関係を問われ、「(教団と一切関係を持たないという) 党の考え方を徹底するために地方組織と意思疎通を行っている」と述べるにとどめた。しかし、4月10日時点で、調査は行われていない。	
2023年 1月1日 ~31日	統一協会が信者に求める先祖供養の行事をすべて終えるには総計で約1500万円が必要になることが判明（しんぶん赤旗、1月25日)。	18日、文科省は第3回目の「報告徴収・質問権」の行使（ガバナンス体制、集めた献金を韓国に送る流れなどを焦点に質問)。	地方議員に調査研究のために支給される公費の「政務活動費」について、使途が統一協会に関連していたことが判明。少なくとも全国21自治体の議員計41人が、今年1月までに政活費を返還したり修正（朝日新聞、3月28日)。
2月1日 ~28日	首相秘書官による性的少数者への差別発言問題を受けて「LGBT理解増進法案」の検討を再開することになったが、岸田首相は及び腰の状況。自民党右派系議員の反発も依然として底流にある。こうした動きには、世界日報LGBT問題取材チーム『「LGBT」隠された真実―「人権」を装う性革命	• 5～7日、各党の主な発言をみると、「LGBT理解増進法案」に関して基本的に自民党以外は、公明党、野党も国会において合意が得られる政党状況となっている。 •「国際勝共連合」との関係について、県本部の代表を自民党の地方議員が務めたり、県本部の所在地が議員宅になっていたことが判	

	―』（世界日報社、2022年）などの影響も少なくない。	明（朝日新聞、２月４日）。	
３月１日～31日	16日、統一協会への「質問権」の行使に関連して、ほかの宗教団体で起きた事件の裁判例などをもとに解散命令請求をしないよう統一協会側から文部科学省に申し入れ書が繰り返し送付されている。	統一協会に対する調査で、文化庁は宗教法人法に基づく５回目の「報告徴収・質問権」を28日に行使した。高額献金を巡り信者らとのトラブルで示談に至った事例など過去最多の203項目について質問し、書面での回答を求めた。回答期限は４月25日。教団への解散命令を裁判所に請求するかどうかの判断は、2023年度になる予定。	18日、統一協会問題に取り組む全国霊感商法対策弁護士連絡会（全国弁連）が春の統一地方選を前に各政党や各議会に対し、第三者委員会を設けて議員と教団との接点の有無などを調査し、結果を公表するよう求める声明を採択。自民党や地方議会はこうした要請に応えていない。
４月１日～30日	１日、統一協会問題を受けて成立した「不当寄付勧誘防止法」の行政措置や罰則規定が施行された。消費者庁は施行に合わせ寄付勧誘対策室を新設し、同庁のウェブサイト上で情報提供を募る専用フォームの運用を開始。		

〔参考文献〕

• 浅井春夫編著『時代と子どものニーズに応える性教育――統一協会の「新純潔教育」総批判』あゆみ出版、1993年

- 浅見定雄監修、“人間と性”教育研究協議会代表幹事会編『統一協会 ボディコントロールの恐怖——「新純潔教育」の正体』かもがわ出版、1997年
- 〈緊急特集 ブックレット〉『時代と子どものニーズに応える性教育を——会員の手による著作・出版活動の自由への攻撃に対して 部内資料』“人間と性”教育研究協議会（略称：性教協）研究局、1993年
- 〈緊急特集 ブックレットⅡ〉『新純潔教育の動向 部内資料』1993年
- 性教協『統一協会系の策動を暴く—社会的犯罪とマインド&ボディ・コントロールの事実』（部内資料）、2014年。『週刊金曜日』編集部の了承を得て、浅井春夫「『新純潔教育』キャンペーンの問題点（上）」および同（下）、『週刊金曜日』1994年4月1日号および同年4月8日、4本の論稿を収録。
- 浅井春夫・北村邦夫・橋本紀子・村瀬幸浩編『ジェンダーフリー・性教育バッシング——ここが知りたい50のQ&A』大月書店、2003年
- ジュディス・レヴァイン著、藤田真利子訳『青少年に有害！——子どもの「性」に怯える社会』河出書房新社、2004年

浅井　春夫（あさい・はるお）
立教大学名誉教授。1951 年京都府生まれ。1974 年龍谷大学法学部法律学科卒業、76 年日本福祉大学社会福祉学部卒業、78 年同大学院社会福祉学研究科修士課程修了。東京の児童養護施設で 12 年間、児童指導員として勤務。98 年から立教大学コミュニティ福祉学部で助教授、教授として勤務。『脱「子どもの貧困」への処方箋』（新日本出版社、2010 年）、『沖縄戦と孤児院』（吉川弘文館、2016 年）、『戦争をする国・しない国』（新日本出版社、2016 年）、『「子どもの貧困」解決への道』（自治体研究社、2017 年）、『包括的性教育』（大月書店、2020 年）、『性のおはなし Q&A』（エイデル研究所、2020 年）、『事典　太平洋戦争と子どもたち』（共編、吉川弘文館、2022 年）など著作多数。

性教育《せいきょういく》バッシングと統一協会《とういつきょうかい》の罠《わな》

2023 年 6 月 10 日　初　版

著　者　浅　井　春　夫
発行者　角　田　真　己

郵便番号　151-0051　東京都渋谷区千駄ヶ谷 4-25-6
発行所　株式会社　新日本出版社
電話　03（3423）8402（営業）
03（3423）9323（編集）
info@shinnihon-net.co.jp
www.shinnihon-net.co.jp
振替番号　00130-0-13681

印刷　亨有堂印刷所　　製本　小泉製本

落丁・乱丁がありましたらおとりかえいたします。

ISBN978-4-406-06753-9 C0036　Printed in Japan